포토보이스, 다르게 바라보기

기호학을 통한 접근

오영삼 · 허원빈 공저

Photovoice

학지사

●

포토보이스, 다르게 바라보기

머리말

    코로나19(COVID-19)가 막 시작될 무렵, 우리는 질문 하나를 가졌다. 포토보이스는 어떻게 지식을 만드는가? 쉽게 대답할 수 있다고 생각했지만, 우리가 할 수 있는 대답은 너무나 미미했다. 포토보이스를 구성하는 다양한 요소, 즉 사진, 기호, 지식과 정보, 매체, 인간, 관계, 해석 관점 등 어느 하나 우리가 자세히 아는 부분이 없었다. 이 책을 집필하기 시작한 동기가 우리의 무지(無知)였음을 여기서 밝힌다. 책에서 이따금 드러나는 장황한 개념분석이나 반복적인 내용은 저자들이 공부하면서 뒤늦게 깨달은 지식에 대한 안타까움이라 여겨 주면 좋겠다. 이 책은 저자가 기존에 『보건사회연구』(한국보건사회연구원)와 『사회과학연구』(서강대학교)에 투고한 내용의 일부를 추가하거나 수정했음을 미리 밝힌다.

    우리는 이 책을 집필하면서 세 가지 영역에 초점을 두었다.

    첫째, 사진이다. 포토보이스 연구에서 사진은 중요한 역할을 한다. 사진은 참여자의 눈을 대신한다. 참여자는 연구자가 보지 못한 시공간을 사진과 자기 눈을 통해 포착하면서 연구자에게 자기 이야기를 눈(photo)과 말(voice)로 전한다. 사진을 연구의 핵심자료로 사용함을 고려할 때, 우리는 사진이라는 도구 혹은 정보 매체에 대한 이해와 분석이 반드시 필요하다고 생각했다. 사진은 언어가 아니다. 언어가 가지는 특징을 일부 가지기도 하지만 언어가 가질 수 없는, 때로는 언어 이상의 무엇을 우리에게 전달한다. 우리는 사진이 가지는 독특한 특징을 이해하지 않고서는 포토보이스에서 발생하는 지식형성의 과정과 특성을 이해할 수 없다고 생각했다. 특히 사진에서 발생하는 스투디움(studium)과 푼크툼(punctum)이 포토보이스와 어떤 관계를 맺으며 지식을 형성하는지 집중해서 고민했다.

둘째, 기호(記號)이다. 우리의 일상은 기호로 채워져 있다. 아침에 일어나 하루를 보내고 저녁에 집으로 돌아와 잠들 때까지 우리 삶의 모든 영역은 기호로 구석구석 채워져 있다. 상징, 지표, 도상과 같은 기호를 통해 대화하고 사고하며 사랑한다. 이 책에서 우리는 사진을 도상 기호로 간주하고 도상을 통해 포토보이스를 해석하려 노력했다. 기호는 기표와 기의 간 자의성을 기반으로 합쳐진 사회 약속이다. 기호가 자의성을 기반으로 하기에, 해석에 따라 같은 기표를 사람마다 다르게 해석할 수 있다. 특히 도상 기호는 자의성이 가장 강한 기호이며, 포토보이스는 도상 기호인 사진을 이용한다. 따라서 포토보이스에서 자료 해석의 다양성은 너무나 당연한 특징으로 볼 수 있다. 이 책에서 줄기차게 강조하는 동질성과 이질성 그리고 해석 관점의 다양성은 바로 기호에 대한 이해와 해석으로부터 이루어졌다.

셋째, 포토보이스의 지식형성 구조이다. 기존의 많은 연구에서는 포토보이스의 특징과 운영방법에 대해 논의했다. 하지만 기존 논의는 대부분 방법론 관점, 즉 어떻게 포토보이스를 운영하고 결과를 도출하는지에 초점을 두었다. 우리는 기존 논의에서 잠시 벗어나 지식형성을 위한 틀로서의 포토보이스구조를 살펴보았다. 예를 들어, 포토보이스를 위한 참여자 수와 포화, 지식형성의 과정, 사진과 포토보이스의 관계, 지식과 무지 그리고 포토보이스, 지식형성의 주체와 같은 개념을 논의했다. 이는 기존 연구에서 거의 언급하지 않았던 포토보이스만의 독특한 지식형성구조이다. 이 책에서 언급한 다양한 요소가 포토보이스의 모든 지식형성구조를 대변하거나 설명하지는 않는다. 다만, 지식형성 관점에서 우리는 포토보이스 내 작동하는 기본 원리를 충분히 논의하려 했다. 우리의 한계에 관해서는 책의 마지막 부분에 다시 언급했으니, 부족하고 빠진 부분에 대해서 독자의 너그러운 이해를 구한다.

이 책은 포토보이스, 사진, 기호학, 지식구조, 포토보이스 예시, 연구 한계와 추후 연구 방향성을 제시하는 형태로 구성하였다. 초반부(제1~2장)에는 포토보이스라는 방법에 대한 저자의 고민과 이 책을 포괄하는 질문을 제시했다. 또한 포토보이스 운영방법과 자료 포화에 대한 논의에 집중하면서 포토보이스에 필요한 대상자와 면접 횟수에 대한 학문 논의와 근거를 제시했다. 중반부(제3~7장)에는 사진, 기호학, 지식구조에 대한 저자의 관점을 위주로 기술했다. 특히 사진을 단순히 정보 매체로만 취급하지 않고 하나의 기호체계로 고려했다. 이 과정에서 사진과 언어 간 차이 그리고 사진 철학에서 말하는 스투디움과 푼크툼에 대하여 자세히 논했다. 후반부(제8~9장)에는 연구자를 위해 예시를 제공함으로써 포토보이스에 대한 이해와 접근을 증대하려고 노력했다. 끝으로 종반부(제10장)에는 이 책에서 다 다루지 못한 내용과 연구의 한계를 제시함으로써 이 연구의 발전 가능성과 방향성을 다시 생각했다.

짧은 질문을 책 한 권의 분량으로 이야기했다. 쉽게 답할 수 있다고 생각한 질문을 한 해가 넘기도록 지루하게 붙들고 있었다. 아마도 우리의 역량이 크지 않았기 때문이라 생각한다. 해를 넘겨 이제야 책을 탈고할 수 있음에 새삼 감사함을 느낀다. 모두가 너무 힘든 시기이다. 언제 끝날지 모르는 기나긴 통로를 지나고 있다. 하지만 세상에서 소외되고 배제된 작은 부분에 눈을 돌리고 목소리를 함께하는 따스한 마음이 피어나기를 책에 기대어 소망한다. 항상 행복할 수 없음을 잘 알고 있다. 심히 모순되지만, 그래도 모두의 영원한 행복을 원하고 바란다.

2022년 2월
저자 일동

포토보이스, 다르게 바라보기

차례

제1장

포토보이스와
만남과 의문

1. 포토보이스와 질문

이 책은 하나의 질문으로부터 시작했다. 포토보이스(photovoice)는 어떻게 지식을 만드는가? 어떻게 생각하면 이 질문은 모호하고 멍청하기까지 하다. 포토보이스는 연구방법론이며, 연구방법론은 자료로부터 지식을 형성하는 도구이다. 따라서 이 연구방법론이 지식을 어떻게 형성하는지에 대한 질문은 포토보이스를 제대로 공부하지 않았거나 이 방법론에 대한 이해가 전혀 없는 상황에서 도출된 막연한 게으름으로 볼 수 있다. 하지만 포토보이스가 방법론으로서 가지는 특이성 그리고 사진이라는 정보 매체가 가지는 기호학 특성[도상(圖像)]은 우리가 포토보이스를 제대로 이해하고 있는지에 대한 의문을 남겼다. 포토보이스에 관한 정보와 지식의 부재혹은 포토보이스에 관한 무지(無知)는 연구자의 게으름이 아닌 포토보이스가 가진 지식형성의 특이성과 다중의미를 창출할 가능성으로부터 출발했다. 그렇다면 포토보이스는 무엇이 특별하고 다른가?

첫째, 포토보이스는 지식형성을 위해 언어 외에도 사진이라는 정보 매체를 활용한다. 포토보이스는 참여자의 지식형성을 위해 사진을 활용한다. 기존 질적 연구도 사진을 활용(예: 문화기술지)하지만 대부분의 연구에서 사진은 대상자의 담화(discourse)를 끌어내거나, 정보나 기억을 확인하기 위해 사용되었을 뿐이다(보조도구). 포토보이스는 현재까지 유일하게 사진을 연구 전면에 내세워 지식을 도출하는 질적 연구방법이다. 포토보이스가 생성하는 연구자료는 참여자와 연구자가 생산한 담화와 담화를 형성하기 위해 생성한(촬영한) 사진 두 가지이다. 두 가지 연구자료는 서로 밀접한 상호관련성(동일성)을 가지는 동시에 상호배타성(이질성)을 가진다. 다양한 자료와 대상을 활용하는 과정에서 포토보이스가 형성하는 지식은 반드시 이질성을 도출하는데, 이는 주로 사진 해석과 깊은 관련이 있다(김경용, 1994). 기호학의 관점에서 사진이나 그림은 도상이다. 도상은 관념체계를 나타내기 위해 제작한 사물(주로 예술작품)에 나타난 형상을 말한다. 이미지, 닮은꼴, 비슷함은 도상이 가지는 특성이다. 이질성과 배타성은 바로 이 특성에서 발현한다. 도상은 숫자나 문자와 같은 상징(symbol) 기호가 아니다. 하늘에 떠다니는 습기 덩어리를 '구름' 'cloud' '雲'으로 달리 표현해도 기표를 이해하는 모든 이는 정확한 뜻(기의)을 포착한다. 하지만 구름을 사진으로 찍으면 보는 이에 따라 구름이라 말하는 이도 있지만, 하늘 혹은 지나가는 새를 찍었다고 말하는 이도 있다. 도상이 가지는 비슷함은 문자가 가지는 통일성과 반복성이 아니다. 사진을 보는 이가 처한 맥락과 생각의 차이로 인해 같은 기표(사진)를 전혀 다르게 해석하고 인지할 수 있다(Nisbett, 2004).

사진은 실재(實在)가 아닌 특정 대상의 유사체(analogue)를 도상화한 가상 실재이다. 이 가상 실재에 사진을 찍는 사람이 가지는 욕구, 생각, 이데올로기와 같은 코드[1]가 이미지로 전환된다(Barthes, 1998). 사진을 통한 코드 이해와 해석은 앞에서 언급한 기표와 기의 간의 이질성을 더욱 심화한다. 즉, 찍는 이가 전달하고자 하는

---

1) 사진에 담긴 이미지는 코드가 있는 이미지와 코드가 없는 이미지로 구분할 수 있다.

코드를 보는 이가 정확하게 이해할 수도 있고, 다르게 이해할 수도 있으며, 코드 자체를 부정하거나 인지하지 못할 가능성도 존재한다. 이 차이는 사진에 대한 발표 혹은 담화에서도 유사하게 발생할 수 있다. 찍은 이가 사진에 관해 설명(발표)한다고 할지라도, 듣는 이가 사진에 대해서 다르게 인지하거나 설명에 반대의견을 가진다면 담화에 대한 해석은 연구자와 참여자마다 다를 수밖에 없다. 심지어 내가 관심을 가지지 않으면 담화를 들어도 인지하지 못할 가능성이 존재한다. 인지심리학에서 밝힌 '보이지 않는 고릴라' 실험(Simons, & Chabris, 1999)의 결과는 이 가정을 강력히 지지한다. 다시 말해, 같은 현상을 보고 듣는다고 할지라도 현상을 인지하고 이해하는 폭과 수준은 사람마다 다르다. 포토보이스가 형성하는 지식은 높은 확률로 연구자와 참여자 간 혹은 참여자 간 동질성을 형성하지만, 일정 영역에서는 이질성과 배타성이 나타날 수 있다. 사진이라는 도상에 대한 차별인식, 사진에 담긴 코드에 대한 이해 차이, 현상 혹은 담화에 대한 인지 차이 등 다양한 원인이 포토보이스가 형성하는 지식에 이질성, 차별성 혹은 주체 간 차이를 만들 수 있다. 포토보이스는 연구 전면에 사진을 활용한다. 따라서 포토보이스에서 지식이 항상 동질성을 유지하는지 혹은 이질성이 발생하면 어떤 과정과 절차를 통해 분석하고 해석하는지에 대한 질문은 적어도 우리에게는 해결되지 않았다.

둘째, 포토보이스는 기존 연구방법론에서 거의 다루지 않았던 공론단계를 가진다. 포토보이스의 공론단계는 기존 질적 연구와 대비되는 가장 큰 차별점이다. 포토보이스는 토론회, 발표회, 세미나 등을 통해 참여자의 목소리(욕구, 실재, 아이디어)를 지역사회에 직접 전달한다. 발표를 통해 지역사회 주민은 참여자가 가진 욕구와 그들이 직면한 문제를 이해하며 공통의 공감과 여론을 생성한다. 노나카(Nonaka, 1994)의 언어를 빌리면, 포토보이스의 공론단계는 지식 형성에서 표출화(externalization)를 의미한다. 노나카는 지식이 암묵지와 명시지 형태로 존재하며, 두 지식이 교차하고 상호작용하면서 새로운 지식 형태를 구성한다고 가정한다. 이때 표출화는 암묵지에서 명시지로의 전환을 의미한다. 인간 마음속에 있는 심상, 아이디어, 생각, 노하우 등과 같은 암묵지가 언어, 도표, 기호 등과 같은 기호(記號) 형태로 전환하는 과정이 표출화이다. 표출화과정에서 참여자의 생각, 느낌, 심상과 같은 암묵지를 언어나 정보 매체 속으로 코딩(coding)한다. 그리고 이 코드는 사진 또는 담화와 같이 외부로 표출 가능한 명시지로 전환된다.

공론단계에서 이루어지는 발표는 기존 질적 연구가 수행하지 않았던 포토보이스만의 독특함이다(Wang & Burris, 1997). 동시에 연구방법이 포토 '보이스(voice)'라 일컬어지는 이유도 여기에 있다. 연구 혹은 방법론 관점에서 포토보이스는 대상자에 대한 깊은 이해를 실현하고, 철학 관점에서 포토보이스는 타자성을 주체화한다(Barthes, 1998). 하지만 옹호(사회운동) 또는 혁신 맥락에서 포토보이스는 사회에서 배제되고 소외된 주변인들을 끌어내어 이들이 사회로 진입할 수 있는 통로 구실을 한다. 이때 사회진입을 실현하는 통로가 발표이다. 행위자 연결망 이론(actor network theory, Latour, 1996)에 따르면 네트워크에서 지식을 형성하는 과정을 번역(translation)이라 칭한다. 여기서 번역은 한 행위자가 다른 행위자를 끌어들여 네트워크를 형성하는 과정을 의미한다. 주변

(periphery) 행위자가 중심 행위자의 생각, 의도, 관념을 이해함으로써 번역을 완성한다. 즉, 핵심 행위자가 주변 행위자를 자신의 네트워크 안에 끌어들이고 유지함으로써 지식을 형성하고 전파한다. 이때 주변 행위자가 핵심 행위자가 형성한 네트워크에 진입하는 주요(혹은 필수) 통로를 '의무 통과점(obligatory passage point)'이라고 하며, 이는 행위자 연결망 구축의 핵심요소이다. 이를 포토보이스에 대입해 보면 공론단계에서 이루어지는 발표과정은 참여자−연구자(핵심 행위자)가 형성하는 연결망에 지역사회(주변 행위자)가 진입하는 핵심 통로이다(의무 통과점). 참여자는 발표과정을 통해 자신을 지역사회로 진입시킬 뿐 아니라 지역사회를 참여자 자신의 세계로 초대한다. 하지만 이 전환과정을 모두 이해하고 인정한다 해도 우리는 여전히 참여자 개인 수준의 지식(암묵지 혹은 명시지)이 어떠한 과정과 절차를 통해 지역사회나 정책 수준의 지식(명시지)으로 전환·변형되는지에 대한 이해가 부족하다. 동시에 포토보이스가 가진 지식형성구조에 대한 통합적 논의는 깊이 이루어지지 않았으며, 이 한계는 우리에게 포토보이스를 통해 형성하는 지식구조와 특성에 관한 의문과 무지를 남겼다.

셋째, 포토보이스의 결과와 지식은 사진이 제공하는 정보와 참여자 담화 간 관계성을 통해 형성한다. 앞서 언급했듯이 포토보이스는 지식형성을 위해 언어(담화)와 더불어 사진을 포함한다. 담화 관점에서 보면 말하는 화자(話者)와 듣는 청자(聽者)가 발생하고, 사진에는 사진을 찍는 이와 사진을 보는 이가 등장한다. 지식형성을 화자와 찍는 이만의 전유물로 간주하면 포토보이스에서 청자와 보는 이의 역할과 기능은 없을 수밖에 없다. 하지만 지식을 말하고 듣는 사람

간 관계 그리고 만들고 누리는 사람 간 소통으로 본다면, 반드시 의미생성과 해석에 관한 논의가 필요하다. 동시에 사진과 담화 간 관계성, 좀 더 엄밀히 논의하면 사진에 담긴 내용, 생각, 심상이 담화에 얼마나 반영되는지, 그리고 사진과 담화를 보고 듣는 이가 그 내용을 인정하고 동의하는지 혹은 반대하고 무시하는지에 대한 논의가 이루어져야 한다.

기호학의 관점에서 지식 습득은 단일신호나 복합신호를 습득하는 과정에서 이루어진다. 언어를 통한 대화(communication)는 단일신호의 송신과 수신을 전제한다. 커뮤니케이션의 관심은 화자 혹은 송신자(sender)가 전달하고자 하는 의미(message)를 청자 혹은 수신자(receiver)가 얼마나 잡음(noise) 없이 정확하게 전달받느냐에 있다(Shannon, 1948). 따라서 커뮤니케이션 영역에서 언어가 한 번에 하나 이상의 의미를 만들어 내면 대화는 실패로 간주한다. 즉, 하나 이상의 의미(다중의미)는 잡음으로 취급받는다.

반면, 기호체계는 기호가 하나 혹은 그 이상의 의미를 생성(의미작용)함을 인정한다(Eco, 1979). 포토보이스는 언어를 기반으로 단일지식을 형성하고 전달하기도 하지만 사진을 통해서 혹은 사진과 담화 간 상호작용과 간격을 통해서 다중의미를 생성하기도 한다. 다시 말해, 화자(혹은 찍는 이)와 청자(혹은 보는 이) 간 이질성이 발생할 수 있으며, 때로는 두 매체와 활동 주체 간 갈등과 모순이 초래할 수도 있다. 언어와 사진, 특히 사진은 단일신호를 전제하는 커뮤니케이션이 아닌 다양한 의미생성을 기초로 하는 기호(도상)이다. 포토보이스 역시 커뮤니케이션이 아닌 기호의 관점, 다양성의 관점, 의미생성의 관점으로 접근하고 해석해야 한다.

이 관점과 시도를 통해 참여자(화·청자)가 아는 지식(known-known)과 알 수도 있는 지식(known-uknown) 그리고 모르거나 몰랐다고 인지한 지식(unknow-unknown, unknwon-known)의 실체를 파악할 수 있는 길이 열린다. 말하는 모든 이가 자신이 아는 바를 명확하게 이해하지 않으며, 듣는 이가 자신이 들은 이야기 모두를 기억하지도, 의미 있다고 생각하지도 않는다. 심지어 들은 이야기를 전혀 다르게 이해·해석·기억하기도 한다. 포토보이스에서 발생할 수 있는 매체 간, 주체 간 혹은 매체와 주체 간의 다양한 불일치를 단순히 잡음이나 오류로 취급하지 않고 다중의미 생성의 원리나 동인(動因)으로 본다면 우리는 아직 포토보이스가 어떻게 지식을 생성하는지에 대한 질문에 모호한 대답을 가질 수밖에 없다. 동시에 생성한 지식이 어디(혹은 누구)서 발생했는지에 대한 명확한 대답도 내릴 수 없다. 이 모호함은 다시 우리를 포토보이스의 지식형성 구조와 과정에 대해 고민하게 했다.

2. 포토보이스의 논의 방향성

간단한 이야기를 길게 서술하였지만, 핵심은 명확하다. 우리는 아직 포토보이스가 생성하는 지식 특성과 지식형성의 구조를 명확히 이해하지 못하고 있다. 방법론 활용이나 분석 그리고 자료 해석의 영역이 아닌 방법론이 내재한 지식형성의 구조와 원리에 대한 의문을 명확히 해소하지 못했다. 기존의 포토보이스 관련 방법론과 매뉴얼도 우리 의문에 대해 명확하고 논리성이 확보된 답을 제

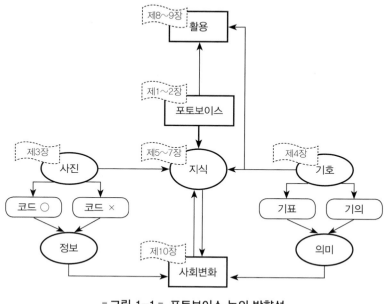

■ 그림 1-1 ■ 포토보이스 논의 방향성

시하지 않는다. 따라서 이 책의 구성은 우리 의문을 우리 스스로가 찾아 대답하는 형식을 채택하였다. 이 책의 방향성은 [그림 1-1]과 같다.

　제1장에서 연구의 목적과 집필 방향성을 기술했다. 지식형성의 관점에서 포토보이스가 가지는 특성, 공론단계 그리고 사진을 매체로 하는 연구자와 참여자 간 관계형성을 바탕으로 연구목적을 제시하였다.

　제2장에서는 주로 포토보이스의 구조와 운영방법에 대하여 논의하였다. 포토보이스의 개발과 발전 그리고 운영단계를 논하면서 포토보이스에 대한 독자의 이해를 높이려 시도했다. 제2장에서 우리가 중점을 두면서 논의한 부분은 포화이다. 질적 연구에서 포화

는 주제(theme)와 정보 도출뿐만 아니라 연구참여자 수와도 밀접한 관계를 맺는다. 따라서 포화의 개념과 특성을 이해함으로써 포토보이스를 위해 필요한 참여자의 수, 이용 사진의 수, 주제 도출의 양을 명확히 결정할 수 있다.

제3장은 포토보이스의 주 연구재료인 사진에 대해 논의하였다. 사진은 언어와 다른 기호학 특성을 가지는 동시에 사진을 찍는 사람과 보는 사람 간 차이를 만든다. 특히 사진으로부터 획득하는 두 가지 인식인 보편성 원리에 기반을 둔 스투디움(studium)과 특수성에 기반을 둔 푼크툼(punctum)에 대해서 분석하였다.

제4장은 주로 기호학 관점에서 사진을 논의했다. 사진에서 의미작용이 일어나는 원리와 다중의미의 발생 그리고 이미지와 코드 간 관계에 대해 논의하였다. 기호학 차원에서 사진이 가지는 특성과 언어와의 차이 그리고 의미작용의 특수성에 대한 이해는 추후 진행하는 포토보이스 지식형성과 구조에 대한 이론적 토대가 되었다.

제5장과 제6장은 주로 포토보이스에서 발생하는 지식구조에 대한 논의를 진행하였다. 이는 이 책의 주목적과 연동한다. 제5장에서는 포토보이스에서 발생하는 지식과 무지의 형태 그리고 각 지식이 어떻게 포토보이스에 영향을 미치는지 논의하였다. 제6장에서는 노나카의 이론을 바탕으로 포토보이스를 통해 만들어지는 지식구조를 단계별로 해체하고 분석하였다. 동시에 사진이 만들어내는 공통성과 특수성을 포토보이스가 어떻게 적용하는지 살펴보았다.

제7장은 지식형성의 주체와 포토보이스 해석에 대한 두 가지 관점을 주로 논의했다. 먼저, 포토보이스를 해석하는 두 가지 방식에

대해 고민했다. 사진이 전하는 심상과 정서가 하나가 아니라는 사실(스투디움과 푼크툼), 심상에 대한 개인 선택(찬성과 반대)이 가능하다는 점, 도상이 단일의미가 아닌 다중의미를 발생시킨다는 점을 모두 고려할 때, 포토보이스도 최소 하나 이상의 지식구조(논리, 관점, 태도)를 가질 가능성이 있다. 어떤 지식구조는 보편성을 기반으로 참여자가 만드는 다양한 지식을 통합하고 포괄하면서 지식을 형성할 수 있다. 반면, 다른 하나는 개별성에 초점을 두어 참여자가 도출한 생각을 이해하고, 생각 차이를 해석하려고 시도할 수 있다. 두 지식구조가 취하는 연구가정, 분석 방향, 자료 활용방법은 다를 수 있다. 하지만 사진과 담화를 통해 기존에 우리가 알지 못했던 풍요로운 사실과 결과를 도출하는 연구방향에는 차이가 없다. 우리는 두 지식구조 혹은 논리 관점을 각각 '땅 넓히기' 관점과 '차이와 반복' 관점이라 명명했다. 다음으로 사진을 찍는 사람(혹은 화자)과 보는 사람(혹은 청자)의 관점을 통해 포토보이스에서 발생하는 지식에 대해 논의했다. 화자(참여자, 찍는 이)와 청자(참여자, 연구자, 지역사회, 듣는 이)에서 발생하는 지식형성구조를 해체하였다. 화자와 청자는 사진과 담화를 기반으로 동질적 그리고 이질적 지식을 함께 생성한다. 이 과정에서 사용하는 매체, 기표, 지식형성 단위는 다를 수밖에 없다. 두 주체(화자와 청자)에서 다르게 일어나는 지식형성구조를 이해함으로써 포토보이스가 가지는 장점과 특성을 더 명확히 이해하고 활용할 수도 있다.

제8장은 이 책에서 이해한 포토보이스를 어떻게 활용하는지에 대한 예시를 제공하였다. 예시는 운영단계별 연구자가 준비하고 운영해야 하는 포토보이스 과업이 주를 이룬다.

제9장은 NVivo를 이용해 사진과 담화를 분석하고 기술하는 방법을 기술하였다.

　제10장은 이 책에서 모두 다루지 못한 연구의 한계와 풀리지 않고 남아 있는 아쉬움을 제시하였다.

제**2**장

포토보이스의
구조

1. 포토보이스 개괄

1994년 왕(Wang)과 버리스(Burris)는 중국 시골 마을에서 기존 질적 연구와는 사뭇 다른 새로운 시도를 수행했다(Wang & Burris, 1994). 두 연구자는 시골에 거주하는 여성 62명에게 카메라를 맡겨 자신의 건강을 표현하도록 했다. 여성들이 찍은 사진에는 당연하게도 자신의 건강과 관련한 다양한 표상이 담겼다. 하지만 사진에 담긴 표상만으로는 여성들이 말하고자 하는 상황, 감정, 경험이 충분하지 않았고, 연구자들은 이 사진과 관련한 여성들의 이야기(서사)를 추가하였다. 그 결과 사진(photo)에 사진 배후의 이야기(novella)가 함께 덧붙으면서 '포토노벨라(photo novellar)'가 탄생했다. 참여자가 전달하는 이야기는 가치 있는 자료이다. 하지만 이야기 전달 주체인 참여자에 관한 이해와 관심이 증가하면서 참여자를 대표하는 목소리(voice)에 연구의 관심이 이동하였다. 이후 포토노벨라는 포토보이스로 용어가 바뀌었는데, 이는 연구 초점이 사진에 대한 단순 담화 분석을 넘어서 개인 또는 지역사회 차원의 변화를 만들어 내기 위한 목적을 강조하였기 때문이다(Wang, 1999; Wang, Cash, & Powers, 2000).

포토보이스는 연구참여자의 목소리를 사진에 반영한 후, 사진을 통해 지역사회가 가지는 문제와 자원을 함께 분석한다. 다시 말해, 포토보이스 내 연구참여자(주로 환자 혹은 클라이언트)는 자신의 삶을 직접 촬영하고 사진에 담긴 자기 삶을 서술한다. 사진 서술을 통해 연구자와 외부자는 연구참여자의 삶을 이해하고 해석한다(Novak, 2010; Wang & Burris, 1997). 이 과정에서 포토보이스는 개인과 지역사회가 직면한 중요한 문제를 담화로 발전시키고, 발화한 담화를 지역사회 내 공통 지식으로 형성한다(Wang & Strong, 1996). 이처럼 포토보이스 참여자는 연구목적을 위해 촬영한 사진에 대해 각자 의미를 부여하거나 해석한다(Wang, 1999).

일반적으로 포토보이스는 8단계(파악, 모집, 교육, 기록, 서술, 관념화, 발표, 확증)를 거쳐 지식을 형성하고 연구결과를 도출한다(Latz, 2017). 포토보이스가 기존 질적 연구와 가장 큰 차이를 보이는 지점은 발표(presentation) 혹은 공론단계에 있다(Wang & Burris, 1994, 1997). 연구과정은 크게 주제 선정(문제 제기), 자료 수집과 분석 그리고 연구결과 발표다. 하지만 포토보이스는 연구결과를 발표하기 전에 참여자가 자신의 사진을 외부 혹은 지역사회에 설명하는 과정을 수행한다. 참여자는 토론회, 발표회, 세미나에서 자신이 경험하고 직면한 상황을 사진과 목소리로 직접 청자에게 전달한다. 발표에 참여한 지역주민, 이해 관계자, 정책 입안자는 참여자가 가진 미충족 욕구와 그들이 직면한 문제를 이해하면서 공감과 옹호를 형성한다. 허원빈과 오영삼(2020)은 공론단계에서 발생하는 지식형성구조를 참여자의 지식이 지역사회 내의 암묵지로 전환하는 작업이라 명명했다. 이를 해석하면 공론단계에서 참여자가 사진과 담화를 통해 사회에 표출한 지식인 명시지(혹은 기호)를 지역사회가 습득함으로써 지역사회는 타인의 문제와 상황을 이해한다. 한편, 발표단계는 발표회나 공청회와 같은 형태뿐만 아니라 포스터, 안내 책자, 웹사이트, 디지털 스토리, 박물관 전시 등 다양한 형태를 가진다(Latz, 2017).

포토보이스는 질적 연구방법이지만(Latz, 2017) 기존 질적 연구방법과는 다른 특성을 가진다.

첫째, 포토보이스는 참여자 주체성을 보장한다(Whyte, Greenwood, & Lazes, 1991). 포토보이스는 연구참여자를 자기 삶을 가장 잘 알고 이해하는 전문가이자, 삶의 문제를 해결할 수 있는 도구를 가진 대상으로 여긴다(Duffy, 2011; Ruby, 1991). 같은 맥락에서 포토보이스는 연구결과에 대한 소유권을 참여자와 연구자가 공유(Kemmis & McTaggart, 2005)함으로써 지식 생산의 민주화를 도모한다. 기존 연구방법이 참여자를 연구 피험자로서 고려하였기에 참여자는 연구를 수동으로 받아들일 수밖에 없었다(Whyte et al., 1991). 반면, 포토보이스는 공동연구자로서 참여자를 대한다는 점에서 연구에 대한 참여자의 주체성과 능동성을 최대한 발휘하게 만든다(Whyte et al., 1991). 연구자와 참여자가 함께 생각 · 참여 · 분석하는 참여행동연구는 포토보이스를 통해 실현된다.

둘째, 포토보이스는 생각과 지식 전이(knowledge translation; Grimshaw, Eccles, Lavis, Hill, & Squires, 2012)를 목표로 한다. 포토보이스는 참여자가 처한 상황과 환경이 주는 정책개입 지점 혹은 우리가 인지하지 못한 참여자 욕구에 관한 기의(signifié)를 파악[1]하고, 나아가 이 과정에서 형성한 지식을 학계와 지역사회에 전달하는 데 그 목적을 가진다. 포토보이스는 참여자가 직면한 문제와 욕구를 잠재한 기의(signifié)로 보고, 이 기의를 기표로 환언(換言)하

---

1) 참여자 욕구와 한계가 표면에 드러날 수 있지만, 때로는 숨겨져 있거나 우리 인식 너머에 자리할 수 있다. 포토보이스는 사진과 담화를 통해 숨겨진 문제(기의)를 찾는 목적을 가진다.

려 한다. 발표회 그리고 연구결과를 통해 형성한 지식을 지역사회와 학계에 전달함으로써 지역사회와 우리는 경험해 보지 못한 지식과 경험을 공유한다(허원빈, 오영삼, 2020). 포토보이스가 단순히 '목소리 냄(giving voice)'에 초점을 두기보다 '목소리를 낼 공간 조성'에 더 큰 노력과 의의를 가지는 이유가 여기에 있다(Latz, 2017).

셋째, 포토보이스는 참여자의 욕구와 상황을 대변하고 옹호한다. 서튼–브라운(Sutton-Brown, 2014)에 따르면 "포토보이스는 사진, 서술, 비판적 대화와 사회 행동을 통해 개인의 고통을 외부에 알리고 정치로 이슈화하려는 시도이다(p. 70)." 포토보이스는 지식 창출을 넘어 참여자와 함께 지역사회를 변화시키는 목적을 가진다(Whyte et al., 1991). 왕과 버리스(1994)의 포토보이스도 소외된 주변인을 전면에 부각한 후, 사진을 이용하여 참여자의 목소리를 권력자들에게 전달하기를 시도했다. 연구는 참여자가 가지는 언어 한계 혹은 언어 매체가 가진 한계를 극복하고자 사진 매체를 활용하였으며, 사진에 담긴 상(像)은 언어가 전달하지 못하는 시각 심상(image)과 느낌을 사회에 전달하였다. 이 시도를 통해 포토보이스는 참여자의 삶을 옹호하고 삶이 더 나아지도록 노력하였다.

이상의 내용을 토대로 **포토보이스 특성을 참여자의 주체성 확인, 지식 전이, 참여자에 대한 옹호 확대(사회변화)** 세 가지로 요약할 수 있다. 우리는 이 세 가지 특성을 포토보이스의 순기능(장점)으로 조작적 정의하고자 한다.

포토보이스 외에 다른 방법에서도 연구대상자의 주체성이 발현하거나(참여적 행동연구, 예: McIntyre, 2007), 연구자와 상호작용이 활발하게 일어나거나(리빙랩, 예: 오영삼, 정혜진, 강지영, 2020), 참여자 욕구를 지역사회에 대변하는 전략(커뮤니티 임팩트, 예: 김은정, 허원빈, 양기용, 오영삼, 김지수, 2020)을 발생시킬 수 있다. 하지만 포토보이스는 사진(Wang & Burris, 1994)을 통해 기존 연구방법들과는 다른 방식으로 이 순기능을 발현시킨다. 사진은 단순히 사진을 찍는 이가 의도한 정보만 전달하는 매체가 아니라 사진을 찍는 이와 보는 이의 감정이 교차하는 역학장으로 기능한다(Barthes, 1998). 다시 말해, 사진에는 사진을 찍는 이가 전달하고자 하는 감정과 심상이 담길 수 있으며, 보는 이는 찍는 이가 전달하려는 감정과 심상을 이해 · 해석 · 선호 · 비판할 수 있다.

롤랑 바르트(Roland Barthes)는 사진이 가지는 이러한 기능을 '스투디움(studium)'이라 명명했다(1998). 스투디움은 사진을 찍고 보는 이들의 명시 혹은 암묵적인 계약하에서 형성한 문화에서 발생한다(Barthes, 1998). 계약으로 약속된 문화 내에서 인간은 스투디움을 인지하기 때문에 사진을 찍는 이가 의도하는 바를 사진을 보는 이가 이해하거나 반대할 수 있다. 사진 고유의 기능인 스투디움을 통해 포토보이스는 연구참여자의 생각, 감정, 심상, 삶의 모습을 기존의 다른 연구방법들보다 더 명확하고 강렬한 방식으로 우리에게 전달한다. 포토보이스의 순기능을 사진이라는 매체에 연동하면 더 명확하게 해석할 수 있다. 생각과 감정 전달자로서 연구참여자(사진을 찍는 사람)의 **주체성**, 사진을 찍는 이와 보는 이 간 **지식 전이**, 사진을 보는 이가 사진으로부터 획득한 **보편적 감정과 심상**(옹호와 변화)이 포토보이스의 순기능을 형성하고 강화한다.

2. 포토보이스 운영: 수행단계와 활용

포토보이스는 엄격한 단계를 따르는 대신 다양한 절차와 방법을 사용한다(Latz, 2017). 카탈라니와 민클러(2010)가 지적한 바와 같이 포토보이스 연구는 왕의 연구에 기반을 두지만 각 연구 특성에 맞추어 조정되는 융통성을 가진다. 하지만 융통성은 포토보이스 수행에 관한 정보 부족이라는 단점을 초래하기도 한다(Sutton-Brown, 2014). 이 배경에서 라츠(Latz, 2017)는 탄력과 융통을 가진 포토보이스 8단계(파악, 모집, 교육, 기록, 서술, 관념화, 발표, 확증)를 제시하였다([그림 2-1] 참조).

첫 번째 단계는 파악(identification)이다. 포토보이스 연구자는 문헌, 경험, 문제를 통해 포토보이스를 이용하여 탐구하거나 다룰 필요가 있는 주제의 밑거름을 만들어 낸다. 이를 바탕으로 연구장

■ 그림 2-1 ■ 포토보이스의 8단계

출처: Latz, A. O. (2017). *Photovoice research in education and beyond: A practical guide from theory to exhibition*. UK: Taylor & Francis.

소, 대상, 목적에 대해 파악한다. 그리고 참여자 집단에 조언을 제
공하거나 영향력을 행사할 수 있는 정책입안자를 파악하는 일(예:
Wang, 2006) 역시 이 단계에서 이루어진다.

두 번째 단계는 모집(invitation)이다. 포토보이스는 양적 연구방
법과 같이 무작위 표본 수집 또는 무선할당 등의 절차를 요구하지
않는다(Latz, 2017). 다른 질적 연구와 비슷하게 포토보이스도 의도
적 표본 수집(purposive sampling)을 가장 많이 활용한다. 참여자
수와 관련하여 왕(1999)은 7명에서 10명 사이의 참여자를 가장 이
상적인 규모로 보았으나, 허겐로더 등(Hergenrather et al., 2009)은
연구 성격에 따라서 참여자를 4명부터 122명까지 다양하게 구성
할 수 있다고 보았다.[2]

세 번째 단계는 교육(education)이다. 기존 연구방법과 달리 포토
보이스는 참여자 교육을 기반으로 연구를 진행한다. 교육단계에서
포토보이스 연구자는 참여자에게 포토보이스 연구 진행방법과 연
구 참여에 수반하는 내용을 알려 준다. 예를 들어, 연구 참여 및 사
진 촬영에 관한 동의, 사진 공개, 사진 촬영의 기초 등에 관해서 교
육한다(Latz, 2017). 포토보이스에는 참여자가 연구자와 함께 공동
연구자로서 연구과정에 능동적으로 참여한다(Whyte et al., 1991).
연구참여자는 포토보이스 연구과정 전반에 대해 연구자만큼 정확
하게 이해해야 하므로 연구에 관해 충분히 질문하고 설명을 요구
할 기회를 얻어야만 한다. 교육단계는 포토보이스를 원만하게 진

---

2) 포토보이스 참여자 수에 대한 논의는 이 장의 '3. 포토보이스의 구조와 포화'에서 자세히 논
  의하였다.

행하고자 하는 연구자의 의도가 담긴 동시에 공동연구자로서 참여
자를 준비시키고 이에 걸맞은 태도와 역량과 갖추게 하는 목적을
가진다.

네 번째 단계는 기록(documentation)이다. 참여자가 무언가를 기
록하기 위해서는 연구자가 프롬프트(prompts, 단서)를 먼저 생성해
야 한다. 이 과정은 참여자가 사진을 촬영해야 하는 대상에 관해 일
련의 단서나 질문 또는 각본을 연구자가 제공함을 의미한다. 프롬
프트는 질문(예: "무엇을 배우는 게 가장 좋습니까?"), 지시형 명령문
(예: "여러분이 가장 잘 학습하는 방법을 설명하시오."), 빈칸 채우기 명
령문(예: "학교에서 일상적으로 보내는 하루는 [ ]?") 등의 형태를 가진
다. 프롬프트를 바탕으로 참여자는 카메라(예: 스마트폰 등)를 선
택한 후 사진을 촬영한다. 대표적으로 SHOWeD(Shaffer, 1985)나
PHOTO(Hussey, 2006)와 같은 질문 기법을 사용한다. SHOWeD 기
법은 '이 사진에서 무엇이 보이나요?' '이 사진에서 무슨 일이 있었
나요?' '이 사진이 삶과 어떤 관련이 있나요?' '왜 이런 일들이 생길
까요?' '새로운 이해를 통해 어떤 사회 역량을 기를 수 있을까요?'
'우리는 무엇을 할 수 있을까요?'의 질문들을 활용한다. PHOTO 기
법은 '이 사진을 설명해 보세요' '사진에서 무슨 일이 있었나요?' '왜
이 사진을 찍었나요?' '이 사진이 당신의 삶에 대해 무엇을 말해 주
나요?' '우리 문제와 관련된 이 사진이 어떻게 삶을 개선하는 기회
를 제공할 수 있을까요?'의 질문들을 활용한다. 왕(1999)이 제시한
질문은 참여자에게 일종의 렌즈로 작용한다. 무한에 가까운 실재
와 욕구(복잡성)를 특정 질문을 통해 단순화시킴으로써 지식형성의
가능성을 높인다. 다시 말해, 연구자가 참여자에게 질문을 던짐으

로써 참여자가 세상을 바라보는(혹은 사진을 찍는 실재) 세상이 좁혀
진다.

　다섯 번째 단계는 서술(narration)이다. 서술은 참여자가 직접 촬
영한 사진(이미지)을 주제로 토론하고 의미를 부여하거나 해석하는
작업이다(Wang, 1999). 이를 통해 참여자는 찍은 이미지에 의미나
맥락을 부여한다. 이때 참여자가 직접 촬영한 사진에 대한 해석을
연구자가 아닌 참여자가 한다는 점이 이 단계에서 중요하다(Latz,
2017). 문화기술지나 사례연구와 같은 질적 연구와 달리 포토보
이스에서 사진 그 자체는 연구자료가 아니다. 사진은 연구참여자
의 서술을 끌어내기 위한 도구이자 선행자료일 뿐이다(Latz, 2017;
Wang, 1999). 즉, 포토보이스에서 사진은 참여자의 생각과 심상을
코드화하는 수단이다. 연구자는 서술을 통해 얻은 참여자의 이야
기를 자료로써 해석하고 활용한다(Latz, 2017). 서술에서 활용하는
방법은 사진-유도 연구, 포커스 그룹, 개인 면담, 글쓰기, 제목ㆍ자
막 달기, 정책 포스터 만들기 등이다. 사진-유도 연구는 참여자의
서술을 위해 참여자가 찍은 사진에 대해 논의하는 방법을 의미한
다. 포커스 그룹 논의는 찍은 사진들을 가지고 집단이 토의하여 공
통성과 개별성을 찾는 과정이다. 포커스 그룹 외에도 주제 혹은 맥
락에 따라 독자성을 밝힐 때 개인 면담을 활용하기도 한다. 그 밖에
도 사진의 의미를 글로 쓰거나(글쓰기), 사진에 제목이나 자막을 다
는 방법을 활용하여 참여자의 지식을 도출한다. 지역사회나 정책
형성을 위해 참여자는 종종 포토보이스 결과를 핵심 메시지(예: 표
어, 이미지)로 변형한 후, 정책 포스터를 만들기도 한다.

　여섯 번째 단계는 관념화(ideation)이다. 관념화단계에서는 이전

단계에서 수집한 자료를 분석한다(Latz, 2017). 포토보이스 내 자료 분석도 자료를 코드화하고 주제를 찾는 방법을 통해 이뤄질 수 있으나(Hergenrather et al., 2009, p. 688), 왕과 버리스(1997)는 포토보이스 자료 분석을 위한 3단계 차별화 접근법을 제시했다. 먼저, 참여자는 포토보이스 연구에 포함시킬 사진을 선택(selecting)한다. 이후 집단토론, 표제 작성, 스토리텔링과 같은 다양한 방식을 통해 맥락화(contextualizing)를 전개한다. 마지막으로, 연구자는 참여자 서술(자료) 속에 공통으로 들어 있는 큰 주제들을 뽑아내어 자료를 분류한 후, 문제, 주제, 이론이라는 세 가지 유형으로 식별하는 성문화(codifying)를 진행한다.

일곱 번째 단계는 발표(presentation)이다. 포토보이스 연구에서 이뤄지는 발표는 전시 형태를 띠는데(Latz, 2017), 포스터, 안내 책자, 웹사이트, 디지털 스토리, 박물관 전시 등 다양한 형태로 이뤄진다. 발표단계에 참석한 참석자는 사진을 통해 연구참여자(혹은 사진)로부터 강한 감정을 느낀다. 동시에 참여자는 공동체 내 권력자나 공동체에 변화를 줄 수 있는 구성원(예: 정책결정자)과 상호교류할 기회를 얻게 된다. 그뿐만 아니라 발표단계에서는 참석자가 발표를 경험하고 인지하는 방식을 통해 포토보이스가 의도한 목적을 달성했는지도 평가한다. 참여적 행동연구(Whyte et al., 1991)로서 포토보이스는 참여자와 정책결정자 간 상호작용 형성을 강조한다는 점에서 발표단계는 포토보이스에서 중요한 역할을 한다.

여덟 번째 단계는 확증(confirmation)이다. 확증단계에서 포토보이스 연구자는 '참석자들이 발표를 어떻게 받아들였는지' '전달하고자 하는 메시지가 분명히 전달되었는지' '어떠한 인식을 하였는지' 등과 같이 발표에 참석한 사람의 경험, 감정, 인지를 확인한다. 나아가 '포토보이스 연구를 통해 참여자를 위한 정책이 마련되었거 나 변화되었는지' '포토보이스 연구결과를 지속시키고 확산시킬 방 법은 무엇인지' 등에 대해 고민하고 이에 대한 답을 제시하고자 노 력한다(Latz, 2017). 사진에 대해 참여자가 가지는 의미와 해석을 확 인하고 의도한 대로 연구를 수행·전달하였는지를 확인한다는 점 에서 확증이 포토보이스 전 과정에서 일어난다(Summey, 2018).

3. 포토보이스의 구조와 포화: 대상자 구성에 따른 포토보이스

1) 단독면접(단독 참여자)에 기반을 둔 포토보이스

다수를 연구에 포함하는 전략은 포토보이스에서 일반적이며 저 자들도 다수 참여자가 연구에 참여하는 방법을 추천한다. 왜냐하 면 다수 참여자가 반복해서 혹은 공통으로 제시하는 주제(theme) 와 생각은 큰 간주관성(inter-subjectivity)을 가지기 때문이다. 연구 를 통해 증가한 간주관성은 옹호 형성, 프로그램 개발, 정책 결정 에 실증근거(evidence-based Practice)를 증가시킨다. 특히 포토보이 스는 공론화라는 특별한 단계를 가지는데 간주관성은 공론화와 연 동하면서 사회변화에 원동력으로 작용한다. 다수 참여자를 활용하 여 얻는 이점에도 불구하고 포토보이스가 반드시 다수를 연구에 참여 시켜 수행해야 하는 방법론이냐고 묻는다면, 우린 "그렇지 않다."라고 답할 수밖에 없다. 사회변화를 위해 포토보이스에서 실증 근거와 간주관성이 필요하지만, 이 요소가 반드시 다수를 전제로 형성하는 조건은 아니다. 즉, 소수 혹은 단독 참여자를 통해서도 포토보이스는 사회변화를 위한 지식을 도출할 수 있다.

이 장에서 우리는 크게 세 가지 논의를 시도했다. 첫째, 포토보이스의 기본 전제를 바탕으로 표본 크기에 대한 기준을 논한 후, 자료와 이론적 포화(theoretical saturation) 간 관계에서 발생하는 문제와 한계를 정리하였다. 둘째, 논의를 바탕으로 다양한 형태의 포토보이스에서 고려해야 하는 표본과 표본 크기에 대한 쟁점을 정리하였다. 셋째, 다양한 환경에서 수행할 수 있는 포토보이스에 대해서 논의하였고, 다양한 포토보이스 형태를 수행하는 조건과 특성에 대해 논의하였다.

참여자　　　　　　　　연구자
（단독）　　　　　（단독 혹은 다수）

■ 그림 2-2 ■ 단독 참여자를 기반으로 한 포토보이스

(1) 포토보이스의 기본 전제

포토보이스가 가지는 기본 전제는(Wang & Burris, 1997), ① 사진이라는 참여자의 눈이 참여자의 삶을 담고, ② 사진에 담긴 자기 삶에 관한 서술을 통해 연구자와 참여자는 참여자의 삶을 더 깊이 이해하며, ③ 공론화과정을 통해 개인 혹은 지역사회가 직면한 문제를 담화로 전환해 사회를 변화시킬 동력으로 삼는다. 이 기본 전제를 통

해 우리는 참여자의 삶을 이해하기 위한 시도 그리고 공론화를 위한 전략이 필요함을 알 수 있다. 하지만 전제로부터 시도와 전략을 명확히 구체화하는 규정(guideline)이나 조건을 도출하기는 어렵다. 포토보이스는 연구참여자 수(number)를 명확히 규정할 수 없으며, 후술하겠지만 사진과 담화의 수와 양, 참여 회기와 같은 조건도 구체적으로 한정할 수 없다. 간주관성 증대 혹은 일반화가 기본 전제가 아니라 인간의 삶을 더 깊이 이해함이 포토보이스의 목적이기에 포토보이스는 연구참여자 수에 제약을 받지 않는다. 다시 말해, 단 1명뿐이지만 그 혹은 그녀가 경험하는 고통, 한계, 다양성, 보편성 등 한 개인의 삶을 이해하는 것이 연구의 목적이라면 포토보이스는 단독면접(단독 참여자)을 통해서도 충분히 수행할 수 있다. 이 관점에서 포토보이스는 단일 사례연구(single case study), 현상학(phenomenology), 생애사연구(life history)와 같이 대상자 삶의 특이성과 개별성을 깊이 이해하려는 기존 연구방법과 맥을 함께한다.

(2) 질적 연구의 포화와 한계

포토보이스는 포화(saturation)에 상당히 자유롭다. 포토보이스와 포화에 대해 논의하기에 앞서 기존 질적 연구에서도 지속적으로 논란이 되는 포화의 개념과 한계를 잠시 살펴보자. 이 논의를 바탕으로 포화 관점에서 포토보이스를, 그리고 단독 참여자만을 이용하는 포토보이스에 대해서 다시 생각하기로 하자.

질적 연구에서 포화란 질적 자료 분석에서 새로운 정보 혹은 아이디어가 나타나지 않는 순간을 의미한다(Creswell, 2002). 포화의 기능과 중요성과는 별개로 많은 문헌에서 포화에 대한 개념과 설명을 명확히 제공하지 않으며, 연구자마다 포화를 다르게 정의하거나 기술한다(Roy, Zvonkovic, Goldberg, Sharp, & LaRossa, 2015; Low, 2019). 그뿐만 아니라 질적 연구를 살펴보면, 이론적 포화 (theoretical saturation; Corbin & Strauss 1990), 데이터 포화(Francis et al., 2010), 주제 포화(Guest, Bunce, & Johnson, 2006) 등이 언급되지만, 질적 연구마다 언급하는 포화가 어떤 포화를 말하는지도 명확하지 않다(Low, 2019).

로우(Low, 2019)는 질적 연구에서 포화의 정의(definition)와 표본 수 설정과 관련한 문제에 대해 다음과 같이 자세히 논했다.

그녀의 논의를 살펴보면, 첫째, 많은 연구자가 연구에서 포화에 어떻게 도달했는지를 명확히 증명하지 않고 포화에 이르렀다고 '간단히' 주장하는 경향이 있다(Charmaz, 2006; Roy et al., 2015). 동시에 분석을 종료해야만 하는 상황, 즉 연구자가 더 깊고 많은 포화(연구 대상자 혹은 시간)를 원하지만, 재원, 시간, 조건 때문에 연구를 더 진행할 수 없는 상황이 발생할 수도 있다. 이런 불가피한 상황에서 도출된 포화를 진짜 포화로 받아들여야 하는지에 대한 논란이 있다.

둘째, 포화를 위한 표본 크기의 모호성이다. 많은 연구에서 포화 상태 도달에 대한 적합한 설명보다는 표본 크기를 언급한다 (Onwuegbuzie & Leech, 2007). 표본 크기와 포화 간 상관관계를 가정한다 해도 크기가 포화를 모두 설명하지는 못한다. 다시 말해, 표본이 충분히 혹은 아주 많다는 사실이 아이디어가 충분히 도출(포화 상태)됨을 모두 만족시키지 않는다. 그리고 표본 크기에 대한 논의는 질적 분석이 아닌 양적 연구(통계분석)의 논리를 따르고 있으며, 질적 연구에서 이론 포화를 표본 크기에 맞추어 평가하는 행위와 생각은 완전히 잘못된 규정(false rubric)이자 논리 비약이다 (Low, 2019). 즉, 포화 상태에 이르는 그리고 포화 상태를 보장하는 마법의 숫자는 없다. 비록 많은 연구자가 포화도를 결정하기 위한 공식, 제안, 수치를 갖고 싶어 하고 또 제시하지만, 이 생각은 양적 연구의 관념에서 머물 뿐이다. 질적 연구에서 요점은 연구자료를 수집하고 해석하는 능력이지(예: 인터뷰 능력) 자료의 크기가 아니다. 표본 크기에 대한 지나친 집착보다는 질적 연구에서 표본 단위가 사례(case)보다는 개념(concept)에 더 적합함을 잊지 말아야 한다 (Corbin & Strauss, 1990). 분석단위가 개념일 경우, 연구자는 매우 작은 수를 이용해서도 포화 상태에 도달할 수 있다(Low, 2019).

셋째, 포화 상태에 대한 기본 정의가 가진 논리 오류이다. 만약 포화 상태를 새로운 정보가 더는 출현하지 않는 어떤 지점 또는 주제(theme)나 데이터 중복과 반복이 일어나지 않는 지점으로 정의하면 우리는 결코 포화 상태를 만날 수 없다. 정보가 더는 도출하지 않는 지점을 포착하는 것이 논리적으로 불가능하다. 자료를 분석하기 위해 현장에 가거나 새로운 대상을 만나면 늘 새로운 무엇이 발생하고 발견된다(Green & Thorogood, 2004; O'Reilly & Parker, 2012). 기존 포화의 관점에서 분석은 절대 종결되지 않는다. 새로움이 지속해서 출현하기에 분석에는 끝이 없다. 근거이론과 같은 질적 연구에서 말하는 포화란 단순히 같은 사건과 이야기가 반복되는 어느 시점을 말하지 않는다(Charmaz, 2006, p. 113). 오히려 연구자가 새로운 개념과 이야기를 표본으로부터 더는 도출할 수 없는 상태나 조건으로 고려함이 더 합당하다. 코빈과 스트라우스(1990)의 표현처럼 포화 상태 도달은 결국 '정도의 문제'에 달려 있다(p. 136).

또한 표본으로부터 중복과 반복성이 도출되기를 기대하면서 포화를 본다면 연구자는 결코 표본이 가지는 일탈, 이질성, 특이점을 파악할 수 없다(Corbin & Strauss, 1990).

　로우(2019)는 이상의 문제에 대응하여 포화에 대한 실용정의(a pragmatic definition)가 필요함을 강조했다. 동시에 포화를 위한 표본 수에 대한 집착이나 원칙 고수를 버려야 함을 언급했다. 또한 연구자가 자료를 완전히 분석할 수 있거나 절대적 설명 이론이나 개념 모델을 만들 수 있다는 가정을 가져서는 안 됨을 강조했다. 그녀는 기존 연구(Charmaz, 2006; Corbin & Strauss, 1990)가 표본 크기보다는 개념적 엄격성(conceptual rigor)에 더 초점을 두고 있었음에도 우리가 포화에 표본 크기를 의도적으로 혹은 의도하지 않았어도 잘못 연동시켰다고 주장한다. 표본 크기보다는 개념과 개념 엄격성에 대한 이해와 접근이 코빈과 스트라우스(1990)가 구체적으로 제시한 포화에 대한 핵심으로 우리를 돌아오게 한다. 로우(2019)는 다음과 같이 우리에게 묻는다. 당신의 개념 모델은 건실한가(robust)?[3]

---

3) 질문의 원문은 다음과 같다.
- Does it address process(Corbin & Strauss, 1990)?
- Does it address the core explanatory questions of how and why, not merely descriptive accounts of what questions(Glaser, 2001)?
- Does it address deviant cases(Corbin & Strauss, 1990; Silverman, 1998)?
- Does your conceptual model or theoretical explanation make "sense given prior research" (Bowen, 2008: 148)?
- That is to say, is it informed by theoretical sampling including that of the relevant literature(Corbin & Strauss, 1990; Strauss & Corbin, 1998)?
- Does your analysis rest on the assumption that the unit of analysis is the concept, not the person, the group, or the case(Corbin & Strauss, 1990)?

- 모델이 과정을 다루고 있는가(Corbin & Strauss, 1990)?
- 모델이 단지 서술적 설명만이 아닌 **어떻게(how)와 왜(why)**에 대한 핵심 설명 질문을 다루고 있는가(Glaser, 2001)?
- 모델이 **일탈 사례**를 다루고 있는가(Corbin & Strauss, 1990; Silverman, 1998)?
- 개념 모델이나 이론적 설명은 **기존 연구**에 비춰 봤을 때 타당한가(Bowen, 2008: 148)?
- 모델은 관련 문헌을 포함한 **이론적 샘플링**을 통해 알아냈는가(Corbin & Strauss, 1990; Strauss & Corbin, 1998)?
- 분석단위가 사람, 그룹, 사례가 아니라 **개념**이어야 한다는 가정에 근거하여 연구 분석이 이루어지는가(Corbin & Strauss, 1990)?
- 일반화 가능 모델(Corbin & Strauss, 1990) 형성을 위한 연결 범주, 즉 '일반적 개념'(Riessman, 2009: 391)을 생성하는가? 왜냐하면 모형이 일반화가 가능하면 넓은 사회적 환경·맥락(Corbin & Strauss, 1990; Silverman, 1998; Williams, 2000)에서 적용도 가능하기 때문이다.

(3) 포화 한계와 포토보이스
이상의 논의를 기반으로 포토보이스에서 포화를 위한 표본 수에

- Does it "generate 'categories,' that is, general concepts"(Riessman, 2009: 391) that are connected together to form a conceptual model(Corbin & Strauss, 1990) that is generalizable because it is contextualized in the broader social context(Corbin & Strauss, 1990; Silverman, 1998; Williams, 2000)?

대해 생각해 보자.

첫째, 포토보이스는 자료 수집과 분석을 빠르게 종료해야만 하는 상황을 타 연구방법보다 더 자주 경험할 가능성이 있다. 포토보이스는 연구자뿐만 아니라 참여자가 처한 상황과 조건에 큰 영향을 받는다. 참여자가 처한 상황이 매우 급하거나 시공간 제약이 있으면(예: 재소자) 연구에 포화를 고려할 여유가 없다. 설령 자료를 통해서 연구자가 포화를 경험했다 하더라도 이 포화가 기존 연구가 언급하는 진정한 포화, 즉 개념적 엄격성에 기반을 둔 포화인지에 대해서는 여전히 논란의 여지가 있다. 포토보이스는 일반 상황에 놓여 있는 사람보다는 특수하거나 한계 상황에 놓인 사람을 주로 연구대상으로 삼는다. 참여자가 처한 상황을 이해하고 그들이 처한 문제를 해결하기 위해 공론화를 시도한다. 이 과정 혹은 결과를 통해 사회변화를 바란다. 이를 고려할 때, 자료 포화를 통해 동질성을 획득하고 개념 이론화를 지향하는 근거이론과 같은 방법과는 연구목적을 달리한다. 근거이론과 같은 방법에서 중요시하는 포화를 포토보이스에 그대로 적용하는 것은 포토보이스가 가진 특징과 연구목적을 희석할 가능성이 존재한다.

둘째, 언급한 포화 한계와 더불어 포토보이스 내 자료 포화를 규정짓는 명확한 기준이 없다. 정확히 말해서, 포화 상태를 만족하는 '충분한' 표본 크기에 관한 기준은 존재하지 않는다. 양적 연구든 질적 연구든 표본 크기가 증가하면 연구는 이점을 가진다. 자료의 풍부함은 응답자 중복이나 관찰자 편향과 같은 문제를 해소해 준다. 그러나 포토보이스에서 표본이 얼마나 많아야 하는지를 규정하기는 어렵다. 로우의 주장처럼 표본 크기에 대한 논의는 양적 연구의 논리 가정이지 질적 연구의 논리가 아니다. 표본 크기의 증대가 포화를 이끌 수 있지만(필요조건), 크기가 증대한다고 포화를 무조건 보장하지는 않는다(충분조건).

　　한편, 포토보이스는 자료를 사진과 참여자 담화로 구성한다. 기존 질적 연구가 주로 담화[인터뷰 녹음, 현장 기록, 문서(archival data)] 자료를 기반으로 연구를 진행하는 반면, 포토보이스는 사진과 담화를 함께 사용한다. 또한 포토보이스에는 대상자의 교육, 사진 발표, 공론화 등 과정이 존재하며, 이 과정이 연구에서 말하는 회기이다(session). 포화 상태를 단순히 표본 크기로만 한정하면 포토보이스는 참여자 수뿐만 아니라 사진 수, 회기 수 선정에도 앞서 제기한 그러나 풀리지 않는 질문을 다시 할 수밖에 없다. "포화 상태를 위해 사진과 회기는 얼마나 많아야 하는가?" 이에 대한 답은 로우가 제시한 제안과 질문에서 찾아야 한다.

　　포화 상태를 위한 표본 크기에 집착하기보다는, 먼저 모형의 개념 엄격성에 대한 고민과 **어떤 연구 질문으로부터 포토보이스를 수행하는지**를 논의해야 앞서 언급한 질문에 답할 수 있다. 어떤 질문에서는 단 1명의 참여자, 하나의 사진, 한 번의 회기만으로도 충분한 포화를 도출할 수 있지만, 어떤 질문은 수십 명의 참여자, 수백 장의 사진, 여러 번의 회기가 필요할 수도 있다. 예를 들어, 특별한 경험을 지닌 한 사람의 삶을 더 깊이 이해하고 그를 위해 지역사회 변화를 이루는 연구 질문을 연구자가 가졌다면 연구참여자는 1명일 수밖에 없다. 반면, 지역사회 전체가 경험하는 문제를 이해하고 지역사회 변화와 발전을 위한 정책 도출(예: 환경정책)을 하는 질문이라면 수십, 수백 명의 참여자와 수백, 수천 장의 사진이 필요할 수도 있다. 따라서 포토보이스의 포화 상태 기준을 설정(상한)하거나 참여자 수에 제한(하한)을 두기보다는 연구 질문에 초점을 둘 필요가 있다. 설정한 연구 질문에 답을 하기 위해서 얼마나 많은 참여자, 사진, 회기가 필요할까? 아마도 답은 포토보이스를 수행하는 연구자마다 그리고 질문마다 다를 수밖에 없다.

(4) 단독 참여자를 이용한 포토보이스의 예와 함의

로우가 던진 질문처럼 연구(모델)가 사례의 일탈이나 소수 표본의 특수성을 분석하는 목적이라면, 표본 크기의 증가를 통한 포화는 오히려 문제를 초래한다. 포화를 보수적 관점에서 자료로부터 정보 중복과 반복이 일어나지 않는 지점이라고 정의하면 포화와 관련한 문제를 해결할 수 없다(Low, 2019). 왜냐하면 이 보수·획일적 정의 안에서는 표본이 가질 수 있는 이질성, 특이점, 극단(outlier)을 기대하기 어렵기 때문이다(Corbin & Strauss, 1990). 예를 들어, 포토보이스가 사회 극단에 존재하는 소수(배제되고 소외된 사회 계층)를 대상으로 연구를 진행할 경우, 자료(대상)로부터 반복과 중복은 일어나기 어렵다. 반복 혹은 중복하는 사건이나 동질성에 기반한 개념이 잘 도출하지 않는 대상과 함께 연구를 진행하는 연구자는 자료로부터 포화를 포착하거나 경험하기 힘들다. 따라서 전통적 포화 개념은 포토보이스 연구 환경과 연구 질문에 잘 어울리지 않는 논리이다.

1명만 참여한 포토보이스(Bishop, Robillard, & Moxley, 2013)를 살펴보고 연구가 가진 연구 질문이 표본 크기와 포화에 어떤 영향을 주었는지 알아보자. 이 사례는 시각장애와 신체장애가 있는 노인인 린다(Linda)가 미국의 작은 도시에서 살아가면서 경험하는 한계와 문제를 이해하고 지역사회에 문제를 알린 포토보이스이다. 이 연구의 질문은(비록 논문에서 연구 질문을 직접 기술하지 않았지만) "복합 신체장애가 있는 한 여성 노인이 경험하는 그녀만의 이동성 문제와 한계는 무엇인가?"였다. 연구 질문을 고려할 때, 연구자가 표본 포화(사례 포화)를 도달할 가능성은 현저하게 낮다. 이 연구가 직면하고 있는 최소 세 가지 조건, ① 복합 신체장애가 있는 여성 노인, ② 미국 내 작은 소도시 거주, ③ 휠체어를 타고도 이동성 문제를 모두 가진 대상자를 연구자가 발견하고 연구에 참여시킬 가능성은 얼마나 될까? 아마 거의 없거나, 어쩌면 저 도시에 세 가지 조건을 모두 충족하는 사람은 린다뿐일 수도 있다. 즉, 린다는 사회 소외 계층이자 대단히 특수한 상황에 놓인 소수이다. 사회 극단에 놓인 대상을 연구참여자로 삼으면 대상자 수는 극히 적을 수밖에 없고, 대상으로부터 정보의 중복과 반복은 거의 일어나지 않는다. 따라서 전통적 포화 개념과 정의를 이 연구 질문과 대상에 연동할 수 없을 뿐만 아니라, 포화 개념은 연구자에게 도움은커녕 대상을 더 찾아야 하는 부담만 안겨 준다.

포화라는 막연한 개념에 집착하여 무리하게 대상자를 찾기보다 소수 참여자의 삶과 문제를 더 깊게 이해하는 전략이 포토보이스 성과를 더 풍요롭게 할 가능성이 있다. 사례에서 보듯이 단독 참여자를 이용하여 연구를 진행하여도 참여자를 위한 사회변화(연구성과)가 일어났다. 그리고 그 성과가 지극히 한 개인이 가진 문제와 한계에 초점을 두어 도출되었지만, 성과 가치와 효용은 높은 보편성을 보였다. 은행 입구에 있던 높은 턱과 좁은 입구는 린다뿐만 아니라 휠체어를 타는 장애인이나 신체적 불편을 가지는 누구나 경험할 수 있는 장애물(barrier)이다. 지극히 개인의 문제에 초점을 맞춘 포토보이스도 지역사회 전체의 복리와 안녕을 증진할 수 있는 연구가 될 수 있다.

중요한 논점은 참여자 혹은 표본의 크기가 얼마나 큰가가 아니라 연구자가 어떤 연구 질문을 던졌으며, 참여자가 가진 문제와 조건은 무엇인가이다. 표본 크기에 대한 기준보다 연구 질문의 특성이 연구 방향과 방법을 결정한다. 포토보이스가 반드시 다수를 참여시켜 수행해야 하는 방법론인가 혹은 단독 참여자를 이용하여 포토보이스를 수행할 수 있는가에 대한 답을 하기 위해 길게 돌고 돌아왔다. 그렇다는 답을 대신해 우리는 독자에게 질문을 던진다. 당신의 연구 질문은 무엇인가?

사례(장애 노인 연구, Bishop et al., 2013)

제목: 포토보이스를 통한 린다 이야기: 환경불평등에 직면하여 존엄과 창의를 가진 채로 독립적 삶을 성취하기(Linda's story through photovoice: Achieving independent living with dignity and ingenuity in the face of environmental inequities)

연구목적(질문)
이 연구는 시각장애와 신체장애를 앓는 노인이 미국 소도시에서 거주하면서 경험하는 이동성 문제(한계)를 서술하고 사회에 문제를 알리는 데 연구목적이 있음(취약한 생활조건을 가진 장애 노인이 경험하는 특수한 이동성 문제는 무엇인가?)
참여자 특성: 린다(Linda, 70세 여성, 시각과 지체 장애, 전동 휠체어 이동)

방법과 과정

1) 참여자가 시각장애로 인해 사진을 직접 찍지 못하기에 사진가가 참여자 대신에 사진을 찍음. 단, 참여자가 원하고 지시하는 대상과 상황에 대한 논의를 통해 사진에 담을 장소를 선택함

2) 연구자는 참여자(린다)의 관점을 획득하기 위해 참여 연구 형태로 진행

3) 참여자와 만남을 반복함으로써 사진과 담화를 풍부하게 끌어냄. 이 과정에서 연구(절차, 방법)에 대한 참여자 이해가 증가하는 동시에 참여자의 목소리와 관점이 증대함

연구결과

• 린다가 제기한 생활 속 한계

　1) 교통과 이동성 문제

　2) 집과 건물에서 안전한 생활 한계

　3) 사회관계망 감소 위험과 지역 내 편리 서비스의 불충분

　4) 불평등을 초래하는 환경요인

• 포토보이스를 통해 이룩한 성과

　1) 참여자가 자주 이용하는 은행 입구(넓은 입구로 개선)와 주차장에서 은행까지 통로 개선(높은 턱 제거와 눈에 잘 보이는 방향선 표시)

연구 특성

• 참여자가 가진 신체장애를 고려하여 사진을 대신 찍어 줄 사진가 고용

• 참여자는 연구에 적극적으로 참여함으로써 연구자와 상호작용을 증대했을 뿐만 아니라 논문 저자권리(authorship) 획득

• 연구 프로젝트를 통해 지역사회 변화(은행)

2) 다수를 활용한 포토보이스

(1) 참여자는 얼마나 많이 필요한가

포화에 대한 논의를 통해 우리는 포토보이스가 항상 다수 참여자를 필요로 하지는 않음을 확인했다. 포토보이스에서 표본 크기(참여자 수)는 특정 기준이 아닌 연구 질문을 통해 연구자 스스로 결정해야 한다. 하지만 앞서 언급했듯이 **포토보이스 참여자가 다수라면** 다양한 이점을 얻을 수 있다. 가장 대표적 이점은 연구결과에 대한 간주관성과 신뢰성(reliability) 증대이다. 또한 다수 참여자가 촬영한 사진의 양과 다양성은 소수가 참여한 포토보이스에서 경험하기 어려운 연구 장점이다. 그뿐만 아니라 공론화과정이나 연구결과의 출판(publish)에서도 소수보다는 다수가 참여한 포토보이스가 사회에서 더 큰 공감과 주목을 이끌 가능성이 크다. 이러한 이유로 기존 연구에서 다수가 포토보이스에 참여하는 전략을 가장 흔히 활용한다.

한편, 다수가 포토보이스에 참여할 때 참여자 수를 정하는 명확한 기준은 아직 알려지지 않았다. 논리 관점에서 보더라도 참여자 수를 정하는 특정 기준을 만들기는 어렵다. 이 주장은 기존 연구에서 활용한 참여자 수의 불규칙성을 통해서도 지지받는다. 왕(1999)은 7~10명의 참여자가 이상적인 규모라고 주장했다. 허겐로더 등(2009)의 31편을 검토한 포토보이스 문헌고찰에 따르면 평균 참여자 수는 약 20명이며, 검토자료에서 절반은 11명 미만으로 나타났다. 그리고 참여자 수 범위는 최소 4명부터 최대 122명까지 다양하였다(Hergenrather et al., 2009). 공중보건과 관련한 분야에서 2008년 이전에 실시된 39편의 포토보이스 연구에 대해 고찰한 카탈라니와 민클러(Catalani & Minkler, 2010)에 따르면 연구의 평균 참여자 수는 26명이고 최소 4명부터 최대 122명까지였다. 또한 사회복지 분야에서 31편의 포토보이스 연구를 동향 연구한 허원빈과 정하은(2019)에 따르면 포토보이스 연구에 참여한 참여자 수는 평균 12명이고 최소 4명부터 최대 73명까지였다. 김정연과 허유성(2019)이 37편의 포토보이스 연구를 동향 분석한 결과로 참여자 수가 1명인 연구 1편(2.7%), 2~5명인 연구 9편(24.3%), 6~9명인 연구 13편(35.1%), 10~13명인 연구 4편(10.8%), 14명 이상인 연구 10편(27.1%)으로 나타났다.

포토보이스 연구에 참여하는 참여자 수를 결정하는 데는 몇 가지 상황이 있다.

첫째, 연구가 추구하는 방향성 또는 연구 질문이나 목적에 따라 참여자 수를 결정할 수 있다. 포토보이스는 타 연구방법보다 방법론적 유동성이 크다(Jarldorn, 2018). 근거이론(grounded theory)과 같이 정형화된 연구 방향과 목적을 취하기보다는 연구 질문에 따라 연구자마다 다른 연구 방향성을 보인다. 즉, 포토보이스를 통해서 이론 혹은 이론의 근거를 형성할 수 있으며, 사례연구(case study)와 유사하게 소수 대상자가 경험하는 문제나 한계를 밝히는 용도로 사용할 수 있다. 만약 연구자가 포토보이스를 근거이론과 같은 방향성, 즉 이론형성에 목적을 두면 근거이론에서 주로 활용하는 참여자 수 기준을 고려할 필요가 있다. 혹은 현상학 연구나 사례연구와 유사한 연구 방향성을 가지면, 연구자는 이들 연구에서 주로 고려하는 참여자 수를 참고할 필요가 있다. 각 연구방법에서 고려하는 참여자 수 기준은 〈표 2-1〉과 같다.

〈표 2-1〉 표본 크기와 이론적 포화

연구설계 자료수집	표본 크기				
	정보제공자 (informants)	관찰단위 (observational units)	구성원 (members)	집단 (group)	사례 (cases)
민족지학	30~50[4]			1[5]	
	50~60[6]				
근거이론	15~20[5]				
	20~30[7]				
	30~50[8]				
	30~60[6]				
내러티브분석	1[7]				
현상학	10[7]				
	5~25[5]				
	≥6[9]				
행동연구		100~200[4]			
사례연구					3~5[7]
초점집단			6~12[10]		
			6~10[8]		
			6~9[11]		

4) Morse (1995).
5) Creswell & Poth (2016).
6) Bernard (2000).
7) Creswell (2002).
8) Langford, Schoenfeld, & Izzo (2002).
9) Morse (1994).
10) Johnson & Christensen (2019).
11) Krueger (2014).

둘째, 타 연구와 마찬가지로 인력, 자원, 시공간의 한계를 고려하여 참여자 수를 결정할 수 있다. 시공간, 자원, 연구자 역량이 완벽하게 충족되는 연구란 존재할 수 없다. 대부분 연구에서 자원이나 인력은 항상 부족하며, 포토보이스도 마찬가지이다. 예를 들어, 어떤 연구자가 연구목적을 위해 1회기에 20명 이상의 아동을 참여시키고자 한다. 그러나 예산 제약으로 학교 선생님이나 보조 인력을 쓸 수 없다면, 이 상황에서 연구자는 관리가 되지 않는 20명의 아동을 모두 연구에 참여시켜야 할까? 찬반 논란이 있겠지만 우리는 이 경우에 참여자 수를 줄여야 한다고 생각한다. 아동에 대한 관리나 보호가 제대로 되지 않는 상황에서 아동이 도출한 사진과 담화가 정확한 주제와 지식을 형성할 수 있을까? 우리는 이 혼잡한 상황에서 연구를 진행하기보다는 연구자가 아동을 관리할 수 있는 수준(예: 5인 내외)으로 참여자 수를 축소하고 연구를 진행하기를 주장한다. 참여자 수를 축소하는 것은 연구결과의 간주관성을 낮출 수 있지만, 타당도는 오히려 높아질 가능성이 있다. 참여자 수를 결정하는 지점에서 발생하는 자원 제약은 연구자의 고민과 노하우 그리고 연구 환경에 대한 합리적 협상을 통해 해결해야 하는 과제라고 생각한다.

(2) 참여자는 얼마나 자주 참여해야 하는가: 1회 vs 다회
　포토보이스 참여자의 사진에 관한 논의, 즉 담화(narrative) 생성은 개별심층면접(in-depth interview)이나 초점집단면접[12](focus

---

12) 개별심층면접과 초점집단면접 간 차이와 공통점 그리고 각 접근의 장단점에 대한 논의는 이 책에서 다루는 연구 범위를 벗어난다고 생각한다. 여기서는 두 방법을 통해 형성된 담화가 크게 다르지 않다고 가정하고 논의를 진행하였다. 따라서 개별심층면접에 대한 논의는 여기서 생략한다.

group interview: FGI)을 통해 이루어진다. 국내 사회복지 분야에서 사용한 포토보이스에 대한 동향(31개 연구)을 살펴보면 참여자가 초점집단면접에 참여한 연구는 전체 84%였다(허원빈, 정하은, 2019). 연구자가 초점집단면접을 개별면접보다 더 많이 활용하는 이유는 다양하다. 초점집단면접을 통한 집단활동을 활용하면 집단 지식, 친밀성, 상호작용 증대와 같은 다양한 이점이 발생한다. 이 관점에서 왕도 포토보이스의 핵심을 집단이 가지는 담화과정(group dialogue process)이라 보았다(Wang & Burris, 1997). 피서-본과 브라운(Fisher-Borne & Brown, 2018)도 사진과 '참여적 집단 과정(participatory group process)'을 통해 참여자가 자기 강점과 문제의 우선순위를 파악하게 하는 연구설계가 가장 기본적 포토보이스라 고려했다. 집단담화과정은 참여자의 비판적 의식(critical consiousness)을 높일 뿐만 아니라, 집단에서 공유한 문제를 이해하고 해결책을 도출하는 데도 유용하다. 따라서 연구자는 집단면접을 통해 개별면접에서는 얻기 어려웠던 담화나 생각을 쉽게 획득할 수 있다. 일반적으로 면접참여자는 집단 속에서 **참여자 간 상호관계를 형성**할 수 있고, 집단활동을 통해 자신이 찍은 사진에 관해 이야기하며, 다른 참여자는 그에 대해 반응하며 의견을 제시할 기회도 얻는다.

집단대화를 통해 자료를 얻을 경우, 우리가 고민해야 할 부분은 '담화와 사진 생성을 위해 참여자는 얼마나 자주 혹은 많이 만나야 하는가?'이다. 초점집단면접을 시행할 경우, 연구자는 두 가지 선택을 할 수 있다. 1회기로 끝내는 경우와 여러 회기에 걸쳐 참여자를 만나는 경우이다. 연구자가 전략을 선택하는 상황을 살펴보자. **집단**

면접을 1회기로 한정해야 하는 경우는 생각보다 빈번하다. 먼저, 1회 집단면접만으로도 연구 질문에 충분히 대답할 수 있는 자료를 획득하는 경우이다. 연구자가 1회 면접에서 자료를 포화하였다고 느끼면 더 이상의 면접은 의미가 없거나 불필요하다.

　한편, 여러 회기의 면접이 필요한 주제이나 1회만으로도 충분히 자료를 획득하는 상황도 있다. 대표적으로 참여자 간 동질성과 친밀성이 강할 때 혹은 집단이 높은 수준의 분산기억(transactive memory)을 공유하는 상황이다. 분산기억이란 다른 말로 교류기억이라 불리며 한 집단이 공유하는 지식의 총합을 의미한다(Wegner, 1987). 인간의 기억은 언제나 완벽할 수 없기에 불완전한 기억을 보충하기 위해 외부에 지식을 저장하려 한다. 예를 들어, 책, 컴퓨터 메모리, 그림, 영상 등 다양한 방법과 도구가 지식 저장장치로 활용된다. 불완전한 기억은 도구와 더불어 자기 주변인(가족 혹은 동료)으로부터 도움을 받아 완전해질 수 있다. 누군가 무엇을 기억하려고 노력하지만 잘 떠오르지 않을 때, 지식과 경험을 공유하는 주변인이 잃어버린 기억의 조각을 채워 줄 수 있다. 인간이 인간에게 기억 저장장치(보조 메모리)로 작용하는 것이다. 물론 모든 집단과 조직에서 높은 수준의 분산기억이 발생하지는 않는다. 집단이 분산기억을 형성하고 공유하기 위해서는 집단 내 높은 친밀성, 신뢰, 정보의 원활한 소통 등 높은 수준의 상호작용이 필요하다. 이 관점에서 분산기억을 잘 공유하는 대표적인 집단은 가족이다. 가족이나 오랫동안 손발을 맞춘 동료들을 참여자로 하는 포토보이스와 친밀감이 떨어지는 사람들을 대상으로 한 포토보이스 간 차이에 대해 연구자는 고민할 필요가 있다. 왜냐하면 때에 따라 다회 면접이 오히려 낮은 효

율과 효과를 가질 수 있기 때문이다.

포토보이스를 진행하는 과정에서 초점집단면접을 다회로 진행하는 경우[13]는 매우 흔하다. 사실 1회 면접을 할 수 없는 모든 상황이 다회 면접을 해야 하는 상황이다. 1회 집단면접만으로는 연구자가 가진 주제(연구 질문)를 해결할 수 없는 경우가 자주 있다. 예를 들어, 피셔-본과 브라운(2018)은 미국 내 흑인 대학생을 대상으로 포토보이스를 진행하면서 흑인 남성의 건강 상태에 영향을 미치는 인종과 사회 정체성의 영향력을 이해하려 했다. 연구는 '오늘날 미국 사회에서 흑인 남성이 가진 의미는 무엇인가?'라는 주제를 기반으로 여러 개의 하위주제(남성성, 편견, 기회 등)에 대한 사진 촬영과 담화(photo-discussion session)를 진행했다(총 4회). 연구주제가 다양한 측면과 연동된 경우, 다회 면접이 필요하다. 앞의 예시처럼 한 개인이 직면하는 건강 문제는 개인 차원에서 경제 상태나 학력 등의 인구사회 요인에서부터 운동, 식습관과 같은 건강증진 행위와 밀접하게 연동한다. 개인 건강은 동시에 의료체계와 건강보험 같은 다양한 사회체계로부터 강한 영향을 받는다. 따라서 연구주제가 포괄하고 있는 범위에 따라서 연구자는 1회 면접으로 진행할지 아니면 다회 면접으로 진행할지를 결정할 필요가 있다.

한편, 집단 내 친밀성이나 상호작용 증진을 위해 다회 면접을 시행하기도 한다. 예를 들어, 버지 등(Budig et al., 2018)은 스페인 마드리드의 저소득층 밀집 지역에서 포토보이스를 진행하였다. 참여

---

13) 면접을 다회로 진행하는 경우, 초점집단면접과 개별면접을 순차형 혼합으로 진행할 수도 있다. 예를 들어, 웨러마이어, 알가드와 스코이(2016)는 개별면접을 우선 시행한 후, 전체 참여자(같은 참여자)를 대상으로 초점집단면접을 다시 진행하였다.

자는 각기 다른 두 저소득층 밀집 지역에 거주하는 여성 10명이었다. 거주 지역이 달랐기에 참여자 간 유대는 크지 않은 상태였다. 연구자는 참여자 간 관계 형성(rapport)과 연구자와 참여자 간 상호 유대를 강화하기 위해 여러 회기에 걸쳐 만남과 논의를 진행했다. 연구에서 참여자는 3회에 걸친 소모임에 참여하면서 다른 참여자와 함께 사진을 검토하고 논의하였다. 참여과정을 통해 참여자가 형성한 관계와 상호작용은 집단에서 새로운 지식을 발생시킬 뿐만 아니라 집단이 발생한 지식을 쉽게 공유할 수 있는 기반이 된다. 이상 두 예와 같이 여러 회기에 걸친 만남과 면접은 참여자가 연구 주제를 포괄하기 위해서 진행하거나 참여자 간 관계 형성을 위해 시도한다. 이 밖에도 다회 면접을 시행하는 경우는 많다. 예를 들어, 아동이 특정 주제에 대해서 이해를 못 하거나 포토보이스 방법에 대한 이해가 부족할 경우, 연구자는 아동에게 반복 학습과 만남을 제공할 필요가 있다. 때로는 참여자에게 시간 제약이 있을 수 있다. 만약 참여자가 감옥에서 수감생활을 한다면, 특정 시간에서만 포토보이스에 참여할 수 있다. 그뿐만 아니라 학생, 군인, 직장 근로자를 대상으로 포토보이스를 진행할 때, 참여자는 정해진 근무 시간 혹은 쉬는 시간에만 연구에 참여하기도 한다. 연구자는 면담 회기를 설정할 때, 단순히 연구주제나 관계형성에만 초점을 두기보다는 **참여자가 놓인 상황과 조건을 자세히 살펴보고 고려할 필요성이** 있다.

한편, 집단면접 대상을 구성하는 방식에 따라 동일집단 반복면접과 비동일집단 반복면접으로 구성할 수 있다. 이는 양적 연구의 패널연구와 코호트연구[14]가 참여자를 구성하는 방식과 유사하다.

앞서 언급한 다회 면접은 대부분 동일집단 반복면접을 기반으로 기술하였다. 하지만 참여자는 1회에 그치지만 연구자는 여러 집단을 반복해서 면접해야 하는 경우가 있다. 집단은 보통 여러 하위집단의 합으로 구성된다. 학교, 직장, 지역사회는 여러 특성을 가진 하위집단의 합이며, 하위집단은 집단 간 공유하는 지식과 공유하지 않는 지식을 함께 가진다. 같은 빈곤 지역에 거주하는 주민이라도 아동이 인식하는 지역과 어른이 인식하는 지역은 다를 수 있다. 마찬가지로 동일 지역에 거주하는 남성과 여성은 다른 경험과 인식을 가질 수 있다. 이는 분산기억의 관점에서도 마찬가지이다. 한 집단 구성원이 모든 기억을 가지지 않듯이 개별 하위집단도 모든 집단기억을 가지지 않는다. 각 하위집단은 하위집단만의 기억과 지식을 가진다. 따라서 연구자가 다양한 비동일집단(개별 하위집단)을 면접하면 특정 집단의 전체 지식을 파악할 기회가 증가한다. 예를 들어, 지역사회에 화장터가 건립된 후, 지역주민은 주류 의견을 제시할 수 있지만 하위집단별로 다른 의견을 가질 수도 있다. 이 경우 연구자는 지역주민의 생각을 알기 위해 아동을 둔 부모, 노인, 미혼여성, 청소년 집단을 각 하위집단으로 구성한 후 집단별로 포토보이스를 진행할 수 있다. 참여자 관점에서 면접 참여는 1회에 그치지만 연구자는 같은 형태의 면접을 반복한다. 하위집단을 활용한 반복면접을 통해 연구자는 한 집단이 가지는 전체 지식을 이

---

14) 패널연구는 연구대상의 특성을 시간의 흐름에 따라 변화하고 발전하는 모습을 추적하는 연구이며, 연구대상은 시점마다 같다. 반면, 코호트연구는 시점마다 같은 대상이 아닌, 같은 경험을 가진 집단을 대상으로 한다. 패널연구가 특정 연구대상자를 선정하고 반복해서 특정 시점에 조사하는 연구방법이라면, 코호트연구는 생활주기 또는 경험이 비슷한 수준의 사람으로 집단을 구성하고 시간 간격에 따라 집단의 변화를 분석하는 연구방법이다.

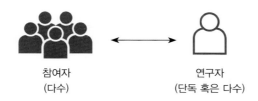

참여자   연구자

(다수)   (단독 혹은 다수)

■ 그림 2-3 ■ 그룹 참여를 기반으로 하는 포토보이스

해하고 파악할 수 있다.

3) 집단 내 개인을 대상으로 개별면접을 활용하는 포토보이스

일반적으로 포토보이스는 심층개별면접과 초점집단면접을 통해 사진에 대해 논의하고 자료를 수집한다. 그러나 유사한 경험이나 생각을 공유하는 집단을 다루지만, 집단면접이 아닌 개별면접을 하는 경우가 종종 발생한다. 여기서 논의하는 상황과 면접방식은 앞서 언급했던 집단면접과 개별면접을 혼합한 형태가 아니다. 연구자는 집단을 대상으로 연구하지만, 집단 구성원이 연구를 위해 한자리에 모일 수 없거나, 모이기 싫어하거나, 모이면 안 되는 상황을 경험할 수 있다. 대표적인 상황으로는, ① 참여자 간 부정적 행동이 서로에게 전염될 가능성이 존재하는 경우(예: 도박), ② 참여자 간 갈등이 존재하고 있는 경우(예: 지역 내 분쟁), ③ 참여자 간 시공간 분리가 필요한 경우(예: 전염병 예방), ④ 참여자가 자신의 익명성을 요구하는 경우이다.

첫째, 집단 내 참여자 간 만남과 대화를 연구자가 일부러 막아야 하는 경우가 있다. 참여자는 집단이 공유하는 경험, 행동, 생각을 서로의 만남을 통해 증폭시키거나 상호 학습할 가능성이 있다(Nonaka, 1994). 참여자 간 상호작용은 포토보이스의 중요한 요소이지만 때로는 상호작용이 문제를 일으킬 때가 있다. 참여자가 배워서는 안 되는 부정적 혹은 일탈적 생각, 정보, 경험을 참여자가 공유할 때 문제가 발생한다. 예를 들어, 도박이나 약물 사용을 경험한 참여자가 집단면접에 모일 경우, 모임에서 일탈적 행동과 정보를 공유하거나 학습할 가능성이 있다. 참여자가 자기 일탈적 행위와 경험담을 이야기하는 과정에서 새로운 정보를 공유할 수도 있고, 집단 참여로 인해 평소 참고 있던 일탈 행위가 유발될 가능성도 있다. 즉, 초점집단면접이 참여자의 부정적 행동을 유발하는 계기(trigger)로 작용할 수 있다. 연구자가 이러한 가능성이 크다고 판단하면 집단 구성원을 세분하여 개별면접을 실행하는 것이 바람직하다.

둘째, 연구하는 집단 내 갈등이 존재할 수 있다. 초점집단면접은 참여자 간 교류, 친밀감 증대, 정보 교환 등 긍정적 상호작용을 끌어내는 목적을 가진다. 하지만 참여자 간 갈등이 존재하는 경우, 긍정적 기능은 사라지고 부정적 기능(반목과 다툼, 불신과 비난)만 증대할 수 있다. 예를 들어, 연구자가 거주지역 내 생활문제(예: 주차 공간 부족, 층간소음, 쓰레기 투기)를 경험하고 있는 주민을 대상으로 포토보이스를 수행한다고 가정하자. 지난 수개월 동안 서로에 대한 불신, 다툼, 심지어 폭력을 지속했던 주민들을 한자리에 모아 놓는다면 지역 문제를 논의하고 해결책을 도출하는 행복한 상황이 가능할까? 일개 연구자 한두 명 혹은 한 팀이 지역이 가진 심각한 문제를 조기에 해결한답시고 주민을 모아 사진과 담화를 공유한다해서 지역사회의 변화를 효과적으로 끌어낼 수 있을까? 연구자는 이상이 아닌 현실과 현상을 직시할 필요가 있다. 구성원 간 이해관계가 첨예하게 대립하는 상황에서 연구자의 섣부른 행동은 집단이 직면한 문제를 더욱 악화시킬 수도 있다. 따라서 구성원 간 갈등이 심한 집단이 연구대상일 때, 연구자는 집단 전체를 대상으로 연구하기보다는 개별 구성원과 접촉하여 포토보이스를 진행할 필요가 있다.

셋째, 참여자 간 시공간이 분리된 경우가 발생한다. 동일집단 내 구성원이 다른 시간대에 거주하거나 같은 공간에 함께 있을 수 없는 경우는 생각보다 흔하다. 유사한 경험이나 생각을 공유하는 집단 구성원이 모두 가까운 공간이나 시간에 거주하지는 않는다. 동질성이 강한 집단에 속한 구성원(예: 학교 동문)이지만 대부분 다른 국가에 거주하기도 하며, 가까운 지역에 있어도 질병이나 사고 등으로 인해 한자리에 모이지 못할 수도 있다. 특히 코로나19와 같은 감염병이 대유행(pandemic)하는 시점에서 이와 같은 상황은 더 자주 일어날 수밖에 없다. 기존 연구도 유사한 예를 자주 보고한다. 홍승애와 이재연(2014)은 아동과 청소년을 대상으로 포토보이스를 진행하였다. 연구에서 연구자는 전체 학생을 대상으로 집단면접이 아닌 학생 개개인을 대상으로 한 개별면접을 수행하였다. 그 이유는 집단면접을 하려면 학교에서 진행해야 하는데, 학교는 수업 이외의 활동에 대해 엄격한 제한을 두기 때문이다. 이 상황에서 연구자는 학교에서 집단면접을 하지 않고 학생이 면접할 수 있는 장소로 방문하여 개별면접을 진행하였다.

넷째, 집단 내 참여자의 익명성을 지켜 줘야 하는 경우가 있다. 포토

보이스가 다루는 주제는 때로 사회의 민감한 영역을 다루기도 한
다. 성 정체성, 종교, 범죄와 같은 주제를 다룰 때, 참여자는 종종 자
신의 신분을 드러내기 싫어한다. 참여자는 같은 문제를 경험하는
집단일지라도 자신이 경험하고 있는 문제나 상황을 타인에게 드러
내기를 꺼린다. 다시 말해, 같은 집단이지만 집단 내 구성원에게도
자기 익명성을 지키고 싶은 참여자가 있을 수 있다. 이 경우에 연구
자는 참여자의 익명성을 보장하는 데 최선을 다할 필요가 있다. 집
단활동이나 집단면접보다는 심층개별면접과 개별활동을 통해 참
여자 사진과 담화를 수집하는 전략을 세워야 한다. 치매환자 보호
자를 대상으로 포토보이스를 진행한 연구(김경오, 2017)에서도 일부
보호자들은 자신의 부끄러운 모습을 타인에게 노출하고 싶지 않다
는 의견을 제시하였다. 연구자는 집단활동에 대한 거부 의사를 수
용하여 참여자와 심층개별면접을 수행하여 자료를 수집하였다.

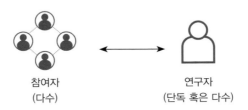

참여자
(다수)

연구자
(단독 혹은 다수)

■ 그림 2-4 ■ 그룹 내 개별면접을 기반으로 하는 포토보이스

제 3 장

포토보이스와
사진

1. 포토보이스와 사진 메시지

짧은 역사 속에서 포토보이스 연구는 빠른 속도로 발전했다. 국내 학계에서도 포토보이스는 다양한 영역에서 다양한 연구목적을 위해 활용되고 있다. 포토보이스는 2011년에 발표된 후, 지속해서 워크숍, 대학 강의, 논문을 통해 학계에 존재가치를 알렸다. 특히 간호, 특수교육, 사회복지와 같이 취약계층을 주로 연구하는 실천학문에서 포토보이스는 기존 연구가 도출하지 못한 중요한 시도와 논의를 끌어냈다(김진희, 유승현, 심소령, 2011; 최재완, 2016; 허원빈, 정하은, 2019). 그 이유는 연구자가 포토보이스를 통해 사회 속 주류계층의 목소리보다는 소외된 주변 사람들의 목소리에 초점을 두고, 소외 계층의 문제를 파악하고 그들의 권리를 옹호하려 한 노력에 있다(허원빈, 정하은, 2019). 다시 말해, 연구자는 포토보이스를 활용하여 기존 사회가 충분히 인지하지 못한 현상이나 문제를 파악했으며, 자원이나 권력이 없는 대상자가 직면한 환경, 문제, 미충족 욕구를 사진과 연구결과를 통해 밝혔다.

포토보이스가 기존 질적 연구보다 강력한 지식 전파와 옹호효과를 가지는 이유는 사진에 있다(허원빈, 오영삼, 2020; Wang, 1999). 지식형성에 참여하는 화자와 청자 그리고 사진을 찍는 이(찍는 이)와 사진을 보는 이(보는 이)의 상호작용과 역동을 기호학의 관점으로 볼 필요가 있다. 다시 말해, 포토보이스 내 지식형성을 단일신호의 생성과 전달이 아닌 다중의미 생성과 해석으로 간주할 때, 포토보이스가 가지는 특성과 장점을 명확히 이해할 수 있다.

앞서 언급한 바와 같이 사진은 실재가 아닌 대상의 유사체를 이미지화한 가상 실재이다. 가상 실재에서 이미지는 코드가 있는 메시지와 코드가 없는 메시지를 전달한다(Barthes, 1998). 사진이 빛 작용으로 보이는 대상 그대로의 이미지만을 포착하고 생산한다면 사진에 담긴 이미지는 코드 없는 메시지로 간주한다. 반면, 코드 있는 메시지는 코드가 없는 메시지로부터 발원한다(Barthes, 1998). 우리는 사진 코드를 매개하여 대상과 직면한다. 이 만남은 우연적이고 개별적이지만 동시에 현실적이며 실재적이다. 유발 하라리(Yuval Harari, 2015)는 가상의 실재를 모든 사람이 믿는 공통성이라 규정했다. 공통 믿음이 지속하는 한, 가상의 실재는 현실 세계에서 힘을 발휘한다. 1972년 6월 8일, AP 통신의 기자인 닉 우트(Nick Ut)가 찍은 아홉 살 소녀 판티 킴 푹의 헐벗은 사진에서 우리가 본 바는 단순히 온몸에 화상을 입고 울부짖는 소녀의 모습(形象)만이 아니다([그림 3-1] 참조). 이 사진은 시간과 공간을 초월하여 우리에게 전쟁의 비참함, 고통, 참혹함, 인류애와 같은 공통성을 환기한다.

코드 없는 메시지가 사진이라는 매체를 통해 코딩되는 사진 역설[1]이 발생한다(Barthes, 1998). 포토보이스는 사진 역설에 담긴 지식구조를 그대로 수용하며, 실재성을 통해 힘을 획득한다.

---

1) 사진 역설에 대해서는 제4장의 '3) 이미지와 코드 그리고 사진'(p. 94)에서 다시 설명하였다.

■ **그림 3-1** ■ 네이팜 소녀

출처: 허핑턴포스트(네이팜 소녀). https://www.huffingtonpost.kr/2015/10/28/story_
n_8404818.html

2. 사진과 해석

1) 사진의 우연성 그리고 해석의 보편성과 특수성

포토보이스가 가지는 힘이 사진으로부터 시작한다면 사진 특성
과 사진 해석에 대한 이해가 필요하다. 롤랑 바르트(1998)의 사진
철학을 바탕으로 사진이라는 정보 매체가 제공하는 지식에 대해
서 논해 보자. 사진은 그림과 함께 기호학체계 속에서 도상에 속하
지만 속성은 전혀 다르다. 그림은 복사가 되지 않지만 그림 내용은
반복할 수 있다. 예를 들어, 반 고흐의 〈별이 빛나는 밤(The Starry

Night〉(1889)은 전 세계에 단 하나만 존재하지만, 그림의 소재인 고흐가 보았던 별이 빛나는 밤의 전경은 무수히 반복해서 우리에게 일어난다.

반면, 사진이 재현하는 무수한 사건은 단 한 번밖에 일어나지 않았던 현상이다. 같은 사진을 수백 장 복사하고 현상(現像)할 수 있지만, 사진에 담긴 사건은 현실 속에서 절대 반복되지 않는다. 이 속성 때문에 바르트는 사진을 특수성과 우연성으로 보았으며, 사진에 담긴 이미지가 우연, 기회, 만남, 현실을 반영한다고 주장했다 (Barthes, 1998, p. 12).

사진의 우연성, 즉 우연한 순간을 사진에 담는다는 말의 의미는 우리가 사진에 담긴 상(象)만으로 사진을 찍을 때 발생한 현상, 감정, 지식, 맥락을 모두 파악할 수 없다는 말과 같다. 사진을 봄으로써 사진이 제공하는 기표(정보)를 지각할 수 있지만, 그 기표만으로 사진이 말하고자 하는 기의 혹은 기표와 기의를 형성하는 맥락과 현상의 총체를 모두 파악할 수 없다. 더 큰 문제는 언어와 달리 사진은 표지(標識)[2]가 없다. 표지가 없다는 말은 사진이 가진 기호에 유동성이 크다는 말과 같다. 사진에서는 기표와 기의가 항상 일대일로 짝을 이루지 않는다. 예를 들어, love라는 언어 기표를 이해하는 사람이라면 누구나 이 단어가 '어떤 사람이나 존재를 몹시 아끼고 귀중히 여기는 마음이나 일'이라고 이해한다. 반면, 사랑하는 사람이나 사물을 찍은 사진을 보면(사진 기표를 본다면), 보는 사람마다 다른 심상을 가질 가능성이 존재한다. [그림 3-2]는 어떤 이가

---

2) 어떤 사실을 알리거나 어떤 사물을 다른 것과 구별하기 위해 눈에 잘 뜨이도록 해 놓은 표시.

■ 그림 3-2 ■ 강아지 사진

사랑하는 강아지를 사진에 담은 것이다. 강아지 사진은 귀엽고 사랑스러우며 많은 이에게 같거나 비슷한 심상을 전달한다. 하지만 어린 시절 개에 물린 경험이 있는 사람은 귀여운 강아지 사진이라도 공포로 받아들일 수 있다.

사진이 유동성 큰 기호라는 사실로부터 다음의 논의를 끌어낼 수 있다. 첫째, 사진에 담긴 이미지(사건, 정보, 지식)는 우연이며 개별성을 가진다. 둘째, 우리는 자신이 가진 객관, 주관, 간주관성을 기반으로 사진을 해석한다. 셋째, 사진의 우연성과 개별성은 개인 해석을 통해 보편성을 가지며, 또 때로는 특수성으로 전환한다. [그림 3-2]에서 보듯 대부분의 사람은 강아지 사진을 통해 사랑, 행복, 귀여움이라는 보편성을 가지지만, 일부는 보편적 지식과는 다른 특수한 감정과 지식을 가질 수 있다. 정리하면, 사진은 언제나 우연성을 전제하고, 사진 해석에는 보편성과 특수성이 함께 공존한다.

2) 사진의 주체: 찍는 사람, 찍히는 사람, 보는 사람

사진과 잇닿아 있는 주체는 크게 세 가지로 고려할 수 있다 (Barthes, 1998). 첫째는 찍는 사람이며, 이들의 역할은 이미지와 지식이 담긴 사진 만들기이다. 둘째는 찍히는 사람이며, 이들의 역할은 바라보기이다. 셋째는 사진을 감상하는 사람(관객, 구경꾼, 우리)이며, 이들의 역할은 받아들이기이다.

첫째인 사진을 찍는 사람은 자신의 욕망(좀 더 정확히 표현하면 소유욕)을 사진에 투영한다. 앞서 언급한 바와 같이 사진은 우연성의 결과이다. 우연성의 이면에는 다시 돌아가지 못하는 순간(시간)이나 상황이 존재한다. 반복되거나 타인과 공유할 수 없는 시간, 즉 **비회귀성**(non-recurrence)이 우연성의 본질이며 이 본질은 죽음과 잇닿아 있다. 롤랑 바르트가 사진의 본질(eidos)[3]이 죽음에 있다고 강조한 이유도 사진에 담긴 사건이 가진 우연성과 비회귀성에 있다. 후술하겠지만 이 죽음에 대한 관점은 찍히는 사람에게도 거의 그대로 적용된다. 사진이 죽음을 담는다는 관점에서 보면 찍는 사람은 돌아갈 수 없는 순간, 매초 죽어가는 시공간을 사진에 담으려는 욕망을 가지며, 사진은 찍는 이가 가진 욕망을 담는 장치이다. 하지만 사진에는 찍는 이가 원하는 생각을 모두 담지 못하는 경우도 많으며, 동시에 의도하지 않았던 정보나 순간이 담긴 사진도 있다. 예를 들어, 창(窓)이 아름다운 건물을 찍으려고 의도한 사진에

---

3) 에이도스는 플라톤 철학에서 이데아(idea)의 의미로, 아리스토텔레스 철학에서 형상(形相)과 질료의 반대 개념으로 사용한다.

서 창 안에 모르는 누군가의 모습이 찍히거나, 건물을 지나가는 고양이가 우연히 찍힌 모습은 찍는 이의 의도와 욕망에 관계가 없다. 사진에 담긴 상(정보)이 의미가 있는지 없는지는 사실 사진을 찍는 사람보다 사진을 보는 관객에게 달려 있다. 사진은 언어와 다른 기호체계를 가진다. 언어체계 안에서는 정보를 제공하는 사람(말하는 이)이 의도한 정보를 듣는 사람(듣는 이)이 정확히 받아들임으로써 대화를 시작하고 종결한다. 반면, 사진체계 안에서는 정보를 제공하는 이(찍는 이)가 의도한 정보를 보는 이(관객)가 반드시 정확하게 받아들이거나 이해할 필요가 없다. 그리고 사진에서는 정보를 정확히 전달하고자 해도 언제나 다르게 전달되고 다르게 받아들여지는 현상이 발생한다. 그래서 언어처럼 정보를 얼마나 정확하게 전달하느냐보다는 사진을 통해 찍는 이와 보는 이가 **사진의 의미를 유사하게 혹은 다르게 생성하느냐**가 사진의 더 큰 가치와 역할을 결정한다.

둘째는 사진에 찍히는 사람이다. 롤랑 바르트는 사진에 찍히는 사람과 대상을 유령이라 불렀다(Barthes, 1998, p. 24). 사진이 죽음을 찍는 장치라면 사진에 찍히는 사람을 유령(죽은 이의 환영)이라 지칭함은 유치한 말장난처럼 보이지만, 이 주체(피사체)가 가진 특성을 명확히 드러내는 말이다. 사진을 통해 우리가 우리 자신의 모습을 보는 행위는 내가 나를 모방하는 행위와 같다. 내가 사진에 찍히는 그 순간에 '그때의 나'는 더는 지금 현실에 존재하지 않는 (과거, 돌아올 수 없는 그때) 나이기에 그때의 나(과거의 나)는 지금 관점에서 보면 죽은 나이며, 현실의 나는 그때 죽은 나를 경험한다. 그래서 과거 나의 모습은 현재 관점에서 유령으로 인식되며 사진을 보는 사람(나)의 의식은 분열한다. 사진에 찍힌 내 모습이 완전한 상(이미지)으로 변했다는 말은 그때의 내가 완전한 죽음의 화신이 되었다는 말과 같다. 사진에 담긴 정치인, 연예인, 스포츠 스타, 다양한 영웅의 모습이 그 사람의 진짜 모습을 담고 있는지 아니면 관객이 보고 싶어 하는 모습 혹은 신화(자유, 화려함, 열정 등)를 담고 있는지 명확하지 않다. 따라서 사진은 실재(reality)의 역사가 아닌 시선의 역사이다. 사진은 내가 마치 타인처럼 내게 다가오는 일(사건, 현상)이며, 자기 동일성에 분열을 일으키는 일이다(Barthes, 1998). 여기에서 말하는 분열이란 사진에 비친 나의 모습이 나인지 혹은 타인인지에 헷갈리는 착각을 말하지 않는다. 이 분열은 사진이든 혹은 일상이든 표면에 비치는 '나(I)'와 실제 '나(me)'의 차이를 의미한다. 융(Carl Jung, 1875~1961)식으로 이야기하면 에고(ego)와 셀프(self) 간 차이이며, 고프만(Erving Goffman, 1922~1982)의 말로 표현하면 가면과 가면 뒤 얼굴 간 괴리이다. 찍는 이와 찍히는 이(유령) 그리고 실재와 욕망을 교차하면 네 가지('상상적 나')[4]가 나타난다. 사진 속 네 가지 상상적 나는 서로 교차하고, 대결하며, 변형된다(〈표 3-1〉 참조). 사진에 찍힌 주체, **찍히는 사람(나)은 진짜 누구냐는 질문을 지속해서 반복한다.**

셋째인 보는 이 혹은 관객은 **시선과 응시(鷹視)**의 주체다. 라캉(Jacques Lacan, 1901~1981)에 따르면 도상(그림, 사진 등)은 인간을 유혹한다. 인간과 도상은 서로를 바라보며 존재한다. 우리가 도상을 보듯 그림과 사진도 우리를 바라본다. 우리는 도상이 유혹하

---

4) 인물사진을 찍을 때, 일어나는 상상의 나를 의미한다.

〈표 3-1〉 사진에 존재하는 네 가지 상상적 나: 실재와 욕망

주체 (찍히는 이)	실재	(1) 카메라 앞에서 내가 나라고 믿는 사람: 내가 인식하는 현실의 나. 예를 들어, 지난주보다 3kg 살찐 나
	욕망	(2) 타인(찍는 이 혹은 관객)이 나라고 믿어 주기를 바라는 사람: 내가 바라는 욕망과 상상의 나. 예를 들어, 지난주와 같은 몸무게 혹은 지난주보다 더 날씬해지고 싶은 나
타자 (찍는 이)	실재	(3) 찍는 이가 인식하는 나(타자 인식 속의 나): 타인이 실재라고 인식하는 나(주체). 타인이 그의 눈을 통해 자세히 기록(표현)할 수 있는 실재적 나. 예를 들어, 사진가는 내가 지난주보다 얼마나 살이 쪘는지를 정확히 인식할 수 있음
	욕망	(4) 찍는 이가 자신의 생각을 보여 주기 위해 이용하는 사람: 사진가(타자)의 욕망을 통해 보이는 나(주체: 사진 찍히는 나). 사진가의 상상 속에서 바라는 나(찍히는 이)의 모습. 예를 들어, 사진가가 상상하는 가장 이상적 몸무게의 모델(지금보다 5kg 더 나가거나 덜 나가는 신체). 타자의 상상 속에 '그렇게 되어야 하는 나'

는 눈길에 흥분하고 어딘가로 이끌려 간다. 하지만 모든 사람이 도상에 유혹당하지 않듯 모든 도상은 인간을 유혹하는 주체가 아니다. 예술 관점에서 유혹은 원하고 바라는 사람에게 찾아온다. 라캉식으로 표현하면 욕망을 가지고 도상을 바라볼 때, 도상은 우리를 흥분시킨다. 라캉은 우리 시선에 욕망이 개입함으로써 응시가 가능해지며, 응시(욕망의 시선)함으로써 우리는 사물을 명확히 인식할 수 있다고 주장한다. 일반적으로 우리는 실재에 근거하여 사물을 보면 현상, 현실, 사실을 더 명확하게 인식할 수 있고, 반대로 욕망의 시선으로 보면 주관적이고 왜곡된 이미지를 가진다고 생각한다. 하지만 정말 그럴까? 라캉은 인간이 정도의 차이는 있지만, 욕망 없이 세상을 볼 수 없다고 말한다. 그는 사건, 사물, 인물, 대상

등 우리를 둘러싸고 있는 모든 현상에 주체 욕망이 개입될 수밖에 없다고 말한다. 그래서 똑같은 사진이나 말을 보고 들어도 각자 다르게 받아들이고 해석하는 일이 일어날 수밖에 없다.

비슷한 관점에서 바르트는 사진이 우리를 흥분시킨다고 말했다. 여기서 사진이 전달하는 흥분은 술이나 마약같이 대상에 접하면 바로 전달되는 본능적 흥분, 즉 무조건 반사가 아니다. 사진을 보는 이가 대뇌에 저장한 기억과 경험에 기반을 둔 흥분, 일종의 학습된 흥분이다. 바르트는 이 흥분을 바탕으로 사진과 관객 간 관계를 모험이라고 명했다. 모험이란 무엇인가? 위험을 무릅쓰고 어떠한 일을 하고 해냄을 말한다. 모험은 일상과 동떨어진 상황에서 어떤 목적을 위해 위험 속에서 신나는 경험을 하는 행위이다. 모험은 (안전한 현실 속 자신) 나라는 틀에서 벗어난, 뜻하지 않는 상황의 만남을 의미한다. 다시 말해, 모험은 즉각적이고 특수한 만남이다. 짚고 넘어가야 할 부분은 사진 자체가 모험의 대상은 아니다. 사진을 보는 주체 자신이 흥분을 만들고, 느끼며, 누릴 뿐이다. 사진은 우리 자신이 만든 혹은 만들어 낼 흥분과 모험을 위한 마중물이자 촉매제 역할을 할 뿐이다. 따라서 내가 모험을 느끼지 못한 사진이 다른 이에게는 모험을 줄 수도 있으며, 그 반대도 가능하다. 사진은 나의 개별성을 통해 나에게 나만의 모험(지식)을 전달한다. 사진을 통해, 더 정확히 표현하면 사진에 대한 응시를 통해 우리가 획득하는 지식에는 욕망과 감정이 담길 수밖에 없다.

또한 이 지식은 보편성에 기반을 두기도 하지만(공통의 욕망과 모험), 개인마다 전혀 다른 욕망과 감정에 뿌리내린다. 세 번째 주체인 관객이 사진을 바라보는 관점 혹은 응시가 지극히 공통성에 기반을 둔 욕망인지 혹은 개별성에 원천을 둔 감정인지에 대한 평가와 판단은 언제나 모호하고 논쟁일 수밖에 없다. 하지만 사진을 응시하는 근원에 존재하는 인간의 욕망과 감정이 획일하지 않고 다양하다는 사실은 변하지 않는다. 그래서 관객이 응시하는 사진으로부터 발생하는 지식과 감정은 만든 이(찍는 이와 찍히는 이)의 의도와는 무관하고 다르게 나타날 수 있다. 반복하지만 사진은 언어와 다른 기호체계이며, 단일의미가 아닌 다중의미를 발생시킨다.

3) 사진으로부터 획득하는 두 가지 인식: 스투디움과 푼크툼

앞서 언급한 강아지 사진으로 돌아가자. 많은 사람은 귀여운 강아지 사진을 보며 사랑스러움과 귀여움을 느낀다. 하지만 일부 사람은 강아지 사진을 보면서 두려움을 느끼거나 혹은 수년 전에 죽은 반려견[펫로스 증후군(pet loss syndrome)]을 떠올려 슬픔을 느끼기도 한다. 사진은 다중의미를 발생시키고, 발생한 다중의미는 두 가지 틀 속에서 분류할 수 있다. 하나는 **보편성 혹은 평균 정서**를 의미하는 **스투디움**이며, 다른 하나는 **개별성과 차이 정서**를 말하는 **푼크툼**이다.

바르트에 따르면, 스투디움(studium)은 사물이나 혹은 사람에 대해 열성적이고 호의적인 관심이지만 특별한 격렬함을 포함하지 않은 감정이다. 사진을 통해 획득하는 스투디움이란 인간이 사진을 통해 경험하는 보편적이고 평균적인 감정과 정서의 다른 표현이다 (Barthes, 1998, pp. 31-32). 바르트는 스툼디움의 요소를 범위와 면

(面)이라는 언어를 통해 은유적으로 표현했다. 스투디움이 하나의 점으로 획일하지 않고 넓은 면과 범위를 통해 확장한다고 보았다. 이 확장성 안에서 기존에 가진 지식, 교양, 정보가 친숙하게 융화되고 결합한다고 보았다. 사진이 제공하는 감동과 정서가 도덕, 정치, 문화와 같은 거대 정신구조를 거쳐 우리에게 전달된다. 따라서 사회 정신구조를 거쳐 우리에게 온 사진 정서는 높은 보편성이나 간주관성을 가진다. 바르트식으로 표현하면 사회가 길들인 정서가 스투디움이다. 따라서 사진을 통해 스투디움을 느끼거나 알아봄은 사진 찍는 이(사진가)의 의도와 마주침을 의미한다. 여기서 마주침 혹은 알아본다는 의미를 보는 이가 사진가 의도를 동의한다고 해석하지는 말자. 스투디움의 경험과 마주침은 사진가 의도를 아직 찬성하지도 반대하지도 않은 상태를 말한다.

사진가 의도에 관한 판단, 평가, 동의는 스투디움 경험 이후에 발생하는 보는 이의 과업이다. 보는 이는 스투디움과 마주친 이후, 사회 정신구조(예: 문화)를 기반으로 스투디움을 이해하고 판단한다. 더 정확히는 사회 계약을 통해 스투디움에 동의하거나 부정한다(Barthes, 1998, pp. 31-32). 정리하면, 스투디움이란 사진을 통해 보는 이가 가지는 보편적이고 평균적 정서를 의미하며, 이 정서를 동의거나 부정하는 행위는 사회가 구성한 정신구조에 기반하여 개인에게 이루어진다. 따라서 스투디움의 발생과 선택은 사회가 가진 거대 정신구조와 개인이 가진 개별성 간 통합 혹은 중재로 이루어진다.

푼크툼(punctum)은 라틴어로 점(點)을 말한다. 또한 푼크툼은 뾰족한 도구에 찔린 상처, 자국, 흔적을 지칭하기도 한다. 바르트는 푼크툼을 "(사진)장면으로부터 화살처럼 튀어나와 나를 관통한다

(Barthes, 1998, p. 32).”라고 표현했다. 도대체 푼크툼이 무엇이길 래 이와 같은 강렬하고 자극적인 표현이 필요한 걸까? 바르트의 철 학을 살펴보면 푼크툼은 불현듯 찾아오는 우연에 기댄 감정이자, 고 통과 아픔에 관한 정서이다. 이 관점으로 면과 점을 대비하면 차이는 뚜렷하다. 점이 모여 선(線)을 이루고 선의 반복이 면을 완성한다. 앞서 언급한 바와 같이 면(스투디움)이 보편성의 영역에 존재하고 선을 간주관성으로 규정한다면, 점은 당연히 개별성의 영역에 위치 할 수밖에 없다. 푼크툼은 그래서 너무나 개별적이고 주관적이며, 특수하고도 독립적이다.

　푼크툼이 아픔의 정서를 유발하는 이유도 개별성에 있다. 바르 트식으로 표현하면 푼크툼은 중요하고 거대한 정서 도출이나 사 건 발견이 아니다. 오히려 '하찮은 사건'이나 사진에 표상한 사건, 인 물 외에 추가(suppléent)로 덧붙여진 '무엇'으로부터 전해 오는 아 련함 혹은 격렬히 전해 오는 고통이다. 푼크툼은 보는 이가 사진에 덧붙이는(혹은 사진으로부터 감정을 획득하는) 무엇이지만, 사실은 처음부터 사진에 존재하던 감정과 정서의 원천이다(Barthes, 1998, pp. 32-58). 정리하면, 스툼디움이 면과 범위로서 넓은 보편성을 확 보하는 정서라면 푼크툼은 점으로 한정한다. 많은 이가 공유하는 보편성에 기반한 감정이 아닌 한 개인이 소유한 경험과 감정으로부터 발현하는 정서가 바로 푼크툼이다.

　[그림 3-3]을 보면 어떤 감정이 드는가? 주름, 노화, 피곤함이라 는 정보와 감정을 얻는 사람이 있을 수 있으며 기쁨이나 안도, 정겨 운 정서를 가지는 사람도 있을 수 있다. 이와 같은 보편적 감정과 별개로 저자에게 [그림 3-3]은 그리움과 아픔으로 다가온다. 돌아

■ 그림 3-3 ■ 조부모 사진

가신 조부모와 함께했던 추억과 다시 돌아가지 못할 시간에 대한 그리움은 강렬한 고통으로 다가온다. 이것은 오롯이 저자가 가지는 저자만의 고통이자 아픔의 정서이다. 그래서 **푼크툼**은 타인과 공유하지 못하는, 또는 보편성을 획득할 수 없는 지극히 개별적이고 강력한 느낌으로 자신에게 다가온다.

여기에서 혼동하지 말아야 하는 부분이 있다. 푼크툼이 아픔의 정서를 대변하지만, 사진을 통해 경험하는 아픔이 모두 푼크툼을 말하지 않는다. 스투디움을 통해서도 우리는 아픈 정서를 느끼고 가질 수 있다. 차이는 **사진가 의도**이다. 판티 킴 푹의 헐벗은 사진을 이용하여 스투디움과 푼크툼 간 고통과 아픔의 차이를 비교해 보자([그림 3-1] 참조). 킴 푹이 찍힌 사진, 〈네이팜 소녀(Napalm Girl)〉에는 사진가의 명백한 의도가 담겨 있고 우리는 이를 너무나 쉽고 당연하게 받아들인다. 전쟁의 참혹함, 상처, 비극, 고통과 같이 사진이 담고자 했던 혹은 의도한 정보와 정서가 사회 정신구조(예: 정치와 문화)를 통과하여 우리에게 직접 다가온다. 이때 우리가 사진을 통해 경험하는 정서는 아픔이 틀림없지만, 이 아픔은 푼크툼이 될 수 없다. 〈네이팜 소녀〉가 전달하는 아픔은 그 시대 정치·문화와 연동하여 많은 사람에게 보편성(바르트의 면)을 제공했다. 〈네이팜 소녀〉에서 우리가 경험하는 아픔은 사진가가 의도한 아픔이기에 이 아픔의 정서는 스투디움이다.

반면, 푼크툼식 아픔은 스투디움식 아픔과는 다르다. 푼크툼식 아픔은 타인과 공유하지 않는 혹은 못하는 아픔이다. 타인은 보지 못하거나 느끼지 못하는 '무엇'을 사진에서 보고, 느끼고, 이해한 누군가가 가지는 개별적이고 독립적인 정서이다. 만약 푼크툼으로 인식하는 아픔을 사진가가 의도했거나 아니면 사회 정신구조를 통해 다수에게 알려져 함께 공유한다면 이 아픔은 더는 푼크툼으로 불릴 수 없다. 이 관점에서 바르트는 스투디움을 사진가 의도와의 마주침이라 보았다. 그에게 있어 스투디움을 인지하는 행위란 사진가 의도를 이해한 후, 그 의도를 찬성하거나 반대하는 행위였다. 요점은 스투디움을 인지하는 행위보다 보는 이가 사진가 의도를 찬성하거나 반대할 때 가지는 감정과 행동이다.

스투디움을 느낀다고 모든 이가 그 사진에, 그 의도에, 그 정서에 동의하기는 어렵다. 전체주의식 세뇌를 받은 상황이 아니라면 다수가 한 가지 도상(사진)을 보면서 하나의 통일된 생각과 정서만을 가질 수 없다. 지극히 자연스러운 상황이라면 사진을 보면서 개별 감정(푼크툼)을 가지거나, 사진가 의도를 찬성하거나(스투디움 인정) 혹은 부정하거나(스투디움 부정), 아니면 아무런 생각이나 정서가 발현하지 않아야 한다(무관심 혹은 무감동). 왜냐하면 사진 정서, 특히 스투디움 그리고 스투디움이 속하는 교양과 문화는 사진가와 소비하는

사람 간 일종의 계약이기 때문이다(Barthes, 1998). 계약서 앞에서
우리는 계약 조항에 동의하거나 하지 않거나, 다른 계약을 하거나
(예: 푼크툼), 아니면 계약서를 외면(무관심)할 수 있다.

제 **4** 장

기호와 사진

1. 기호학

언어학자 소쉬르(Ferdinand de Saussure)는 기호학을 사회에서 일어나는 기호와 그 삶에 관한 연구라고 지칭했다. 인간은 생각하는 삶을 살아가며, 생각 과정과 결과로부터 상징하는 무엇(상징체)을 창조한다. 소쉬르는 상징체와 상징체를 이해하는 과정, 즉 상징체의 창조와 상징체를 통한 의미작용이 어떻게 이루어지는지를 탐구하는 학문을 기호학으로 보았다(Eco, 1979). 이 관점에서 기호학을 다르게 정의하면 기호를 사용하는 영역(예: 언어 활동)이 내재한 지배규칙과 운영원리를 규명하는 학문이다(Eco, 1979). 현대에 와서 많은 기호학자는 커뮤니케이션과 연동하여 문화 현상을 파악하거나 사회적 힘(social force)을 분석하는 틀로 기호를 활용하고 있다(Eco, 1979). 기호학이 접하는 철학과 거시차원의 논의를 벗어나 단순하게 생각하면, 기호학은 그냥 기호(sign)를 다루는 방식에 관한 접근 방법이다.

그렇다면 기호는 무엇일까? 기호는 기표, 기의 그리고 기호 자체로 이루어진다. 정교하게 말하면 기호는 기표(signifier)와 기의(signfied)의 합[1]으로 이루어진다. 기호가 인간과 사회 속에서 기능하기 위해서는 두 가지 조건이 필요하다(Eco, 1979). 하나는 의미작용 혹은 의미화이며, 다른 하나는 기호작용이다. 먼저, 의미작용이란 기표(의미 운반체)에 의미를 부여하거나 의미가 부여된 기호로부터 의미를

---

1) 기호=기표+기의

추출하는 과정을 말한다(de Saussure, 2006). 다른 말로, 의미작용은 정신적 개념인 기의를 실재에 부여하거나 실재로부터 정신적 개념을 해석하는 일이다. 예를 들어, 타인을 내 몸처럼 좋아하고 아끼는 어떤 기의에 우리는 사랑, Love, あい(아이), 爱(아:이[ài]), amour(아무어), amor(아모르), Liebe(리이베) 등과 같은 실재인 언어를 붙일 수 있다. 그리고 역으로 이들 기호(주로 언어)로부터 어떤 기의를 해석하기도 한다. '♡'라는 기호로부터 우리는 사랑이라는 기의를 획득한다. 이처럼 의미작용은 현실에서 보고 듣고 만질 수 있는 어떤 무엇(언어, 물질, 소리, 빛 등)에게 의미를 부여하거나, 어떤 실재로부터 의미를 추출하는 과정이다(예: 타인에게 받은 꽃으로부터 청혼, 사랑, 고백과 같은 뜻을 추출함).

기호작용은 인간에게 기호가 성립하는 기호공정을 말한다. 즉, 인간에게 무엇(예: 언어)이 기호로 성립하고 작용하기 위해서는 인간의 지각작용이 필요하다. 퍼스(Peirce)는 인간이 마음속에 기호라 고려하는 무엇을 인식하고 인지하는 과정과 결과를 기호작용이라 보았다. 퍼스는 기호가 인간(기호를 해석하는 이)에게 마음속 무엇을 찾도록 지시한다고 주장했다. 즉, 기표가 해석하는 사람의 마음에 들어와 기표와 짝을 이루는 기의를 찾을 때 하나의 기호가 성립한다(Eco, 1979). 예를 들어, 스페인어를 처음 배울 때 amor라는 기표가 무슨 의미인지 알 수 없다. 하지만 amor가 우리말 사랑과 같은 개념을 뜻하는 단어임을 배우고 인식하면, 그 순간 amor라는 기호는 우리에게 기호작용을 일으킨다. 즉, amor라는 기표가 우리 마음속에 존재하는 사랑이라는 기의를 찾아 코드화(coding)한다.

한편, 퍼스는 기호를 도상(Icon), 지표(index), 상징(symbol)의 세 가지 유형으로 구분했다(Hardwick & Cook, 1979). 퍼스에 따르면 대상체와 형태가 유사한 기호는 도상이다. 도상은 대표하는 대상과 비슷하게 보이는 감각 이미지(시각, 후각, 청각 등)를 가지는 유사체이다. 대표적 도상으로 그림, 사진, 상형문자가 있다. 지표는 대상과 실존성, 인접성 혹은 인과성을 가지는 기호이다. 예를 들어, 담배에 사선을 그은 금연 표시는 대표적 지표이다. 상징은 임의로 만들어진, 대상과 유사성도 인과성도 없이 자의(arbitrariness)로 만들어진 기호이다. 사회 혹은 사용자 간 약속을 통해 상징 기호를 만든다. 즉, 약속 혹은 사회적 계약은 상징이 존재하기 위한 기본조건이다. 가장 대표적이고 복잡한 상징 기호는 언어이다.

언어가 상징의 가장 복잡하고 정교한 체계라면, 사진은 도상체계에 속한다. 같은 기호체계에 속하지만, 언어와 사진은 다른 특성과 기호작용을 한다. 특히 언어를 기호체계가 아닌 정보 전달작용이 핵심인 커뮤니케이션 영역으로 고려하면 사진과 전혀 다른 특성을 가진다. 커뮤니케이션의 관심은 화자 혹은 송신자(sender)가 전달

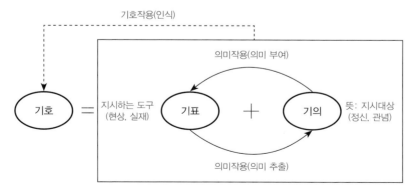

■**그림 4-1** ■ 기호, 기표, 기의 간 연결: 의미와 기호작용

하고자 하는 의미(message)를 청자 혹은 수신자(receiver)가 얼마나 잡음(noise) 없이 정확하게 전달받느냐에 있다(Shannon, 1948). 따라서 커뮤니케이션 영역에서 언어가 한 번에 하나 이상의 의미를 만들면 실패로 간주한다. 하나 이상의 의미(다중의미)는 잡음으로 취급받는다. 즉, 대화에서 일어나는 잡음과 오해는 기호학 측면에서 보면 의미작용의 실패이다. 예를 들어, 송신자가 배[船]를 보러 가자고 한 말을 수신자가 배[梨]를 보러 가자고 이해한다면 정확한 의미작용은 발생하지 않는다.

기호체계는 기호가 하나 혹은 그 이상의 의미를 생성(의미작용)함을 인정한다(Eco, 1979). 예를 들어, 커뮤니케이션에서 화자가 알파벳 A, B, B, A(에이, 비, 비, 에이)를 전달하고 청자가 A, B, B, A를 전달받으면 성공한 대화라 본다. 기호학에서는 화자가 A, B, B, A를 전달할 때, 청자가 A, B, B, A 그대로 이해하는 결과뿐만 아니라 스웨덴의 4인조 팝그룹 'ABBA(아바)'[2]를 떠올리는 작용도 허용한다. 기호학 관점에서 커뮤니케이션은 한 의미작용(혹은 단일신호)만을 허용하는 특수한 기호체계이다. 언어와 달리 사진은 커뮤니케이션의 수단으로 거의 다루지 않는다. 왜냐하면 앞서 언급한 바와 같이 도상은 대상과 비슷함을 전달하는 기호이지만 언어체계보다 낮은 정확성과 반복성을 가진다. 도상은 언어(상징)보다 많은 잡음을 가질 수밖에 없다. 또한 사진은 언어와 달리 이미지에 코드를 삽입할 수 있다. 사진 이미지의 코드 존재 여부는 보는 사람이 사진을 보게 하

---

2) 'ABBA'라는 이름은 네 구성원(Agnetha Fältskog, Björn Ulvaeus, Benny Andersson, Anni-Frid Lyngstad)의 머리글자를 따서 만들었다.

기도 하지만(코드 없는 메시지), 사진을 읽게 하기도 한다(코드 있는 메시지). 동시에 코드가 있는 메시지는 코드가 없는 메시지로부터 발원(Barthes, 1998)하기에 언어보다 훨씬 강한 자의성이 작용하는 의미작용이 발생한다. 커뮤니케이션이 아닌 도상으로서 사진이 기호체계 안에서 이해되고 해석될 수밖에 없음을 고려할 때, 우리는 필히 사진을 단일의미가 아닌 다중의미로 해석하고 소비할 수밖에 없음을 인정해야 한다.

2. 기호학 관점에서 사진

1) 단일의미와 다중의미

기호는 의미를 생성한다. 기호가 생성한 의미는 하나일 수도 있지만, 복수일 수도 있다. 언어(커뮤니케이션)는 단일의미만을 추구하지만, 기호는 단일의미뿐만 아니라 다중의미도 허용한다. 예를 들어, 금연(cessation)이라는 단어는 대부분 상황에서 하나의 의미만을 가진다. 또 금연 표지([그림 4-2] 참조)도 담배를 피지 말라는 하나의 의미만을 전달할 뿐이다. 이런 기호(금연이라는 단어와 금연 표지)는 단일의미체이다(monosemy). 반면, 대부분 기호는 여러 개의 의미를 지니기에 다중·복합 의미체이다(polysemy). 배라는 단어, 사진에 찍힌 배(梨) 그림에 담은 배 모두 최소 두 가지 이상의 의미를 만든다. 특히 사진(도상)은 언어(상징)나 지표보다 더 다양하고 빈번한 다중의미를 생성한다.

■ 그림 4-2 ■ 도상: 금연 표지

기호가 다중의미를 생성하는 이유는 기표와 기의가 연결할 때 발생하는 자의성에 있다(Saussure, 2006). 기호 생성 구조에서 자의성은 기호를 무한히 생산할 수 있게 한다. 예를 들어, 타인을 위하고 보호하며 아끼는 마음을 한국은 '사랑'이라는 기표(문자와 음성 언어)로 표현하지만, 미국은 LOVE, 일본은 あい, 중국은 爱, 프랑스는 amour, 스페인은 amor, 독일은 Liebe로 기표한다. 사회가 약속하기만 하면 사랑은 러브, 아이, 아모르로 표현할 수 있고, 심지어 사랑을 사과, 배, 수박으로 표현해도 아무런 문제가 없다. 따라서 기표와 기의 간 발생하는 자의성[3]으로 인해 기호 생산은 무한에 가까운 자유를 누린다. 하지만 자의성은 논리나 자연스러움을 무시하기에 인간에게 학습을 요구한다. 외국어를 처음 배울 때 우리가 겪는 가장 큰 고통은 단어를 무작정 외워야 하는 일이다. 동시에 자의성을 통해 발생하는 다중의미는 오독(誤讀)과 거짓이라는 문제도 초래한다. 기호는 물질에서부터 관념에 이르기까지 존재 여부와 상관없이 무엇이든 대표할 수 있다. 기호가 가진 대표성과 자의성은 인간의 공상과 창의성을 무한히 확장하지만, 이 대표와 확장은 진실과 아무 관계가 없다. 정리하면 기호, 특히 도상은 단일의미보다는 다중의미를 발생할 가능성이 크며, 도상 내 기표

───────────

3) 에코에 따르면 기표와 기의 간 자연적 혹은 당위적 연결이 존재할 수 있다. 동물이 내는 소리 기호는 대표적인 기표와 기의 간 자연스러운 연결이다(Eco, 1979).

(이미지)와 기의 간 연결도 논리를 기반하지 않고 대부분 자의성을 바탕으로 이루어진다.

　이상의 내용을 고려할 때, 사진과 담화를 활용한 포토보이스는 설명과 해석과정에서 반드시 다중의미가 발생할 수밖에 없다. 사진이 단일기호(신호)가 아닌 다중의미가 있는 기호임을 인정한다면 사진에 담긴 코드, 해석, 사진과 관련한 담화도 다양한 형태와 방향으로 나타날 수 있음을 인정해야 한다. 이 다양성은 사진을 말하는 화자(사진가)의 관점과 사진과 담화를 듣는 청자(관객)의 관점에서도 발생한다. 기호의 다중의미로 인해 사진가와 관객은 사진을 다르게 해석할 수도 있으며 다르게 표현하고 말할 수도 있다. 이 현상은 개인뿐만 아니라 집단에서도 나타날 수 있다. 문제는 기호의 다중의미성과 주체 간 다양성으로 인해 사진에 대한 오독, 담화에 대한 반감과 부정견해(否定見解), 심지어 가짜 사실과 지식이 발생하고 유포될 수 있다. 즉, 다양한 주체 안에서 기호의 다중의미가 발생할 수 있기에 주체가 가지는 사진과 담화에 대한 잘못된 해석과 반대 그리고 무지와 무시가 함께 발생할 수 있다.

2) 은유의 상징과 환유의 도상

　기호 내 의미를 전달하는 수단은 은유와 환유이다(Fiske, 1982). 은유는 언어와 같은 상징 기호에서 주로 작용하고, 환유는 도상이나 지표 기호에서 자주 일어난다. 은유는 익숙한 기호의 특성을 통해 낯선 기호를 이해하게 하는 기호체를 말한다. 다시 말하면, 잘 아는 생각 혹은 체험을 이용하여 잘 모르는 생각과 체험을 이해할 수 있게 하는 방법이다. 예를 들어, '내 마음은 호수요'라는 시어를 보면 마음과 호수라는 두 개념이 직접 결합하여 은유를 만든다. 하나의 은유에는 최소 두 가지 이상의 기호가 필요하며, 기호 간 연결은 **연상법칙**(association)을 통해 이루어진다.

연상법칙을 통해서 한 기호는 다른 기호의 의미 차원으로 옮겨 간다(김경용, 1994). 앞서 언급한 시어에서 내 마음은 시인의 마음일 수도, 독자의 마음일 수도 혹은 제3자의 마음일 수도 있다. 시가 말하고자 하는 마음이 누구의 소유인지 불분명하기에 다양한 마음이 나타날 수 있고, 이 불확실성과 차이는 마음이라는 기호를 이해하기 어렵게 만든다. 또한 마음 소유와 관계없이 마음이 무엇이며 무엇을 향하는지 우리는 쉽게 알 수가 없다. 반대로 호수는 잘 알려진 자연지형이다. 호수라는 자연지형이 가지는 특징은 대부분의 호수에서 공통으로 나타나기에 대다수가 호수의 특징을 잘 알고 있다. 은유 차원에서 마음과 호수는 여러 가지를 공유한다. 호수도 사람의 마음처럼 깊고 고요하며, 때로는 작은 돌(사건)에도 큰 파문(걱정)이 일어난다. 호수와 마음은 완전히 다른 두 관념이지만 비슷한 특성에 기반하여 두 관념은 은유를 통해 연결된다. 즉, 현실이 아닌 공상 속에서 개념 간 짝이 맺어져 인간의 마음에 초현실적 효과를 일으키는 방법이 은유이다(Fiske, 1982).

한편, 환유는 어떤 기호가 다른 기호를 대신하기 위해 사용하는 방법 혹은 한 기호가 기호 간 연결된 나머지 부분이나 감추어진 부분을 지시하는 일이다. 환유에 대한 정의가 어렵게 들리지만, "하나를 보면 열을 안다."라는 옛말이 환유의 핵심을 꿰뚫는다. 은유가 연상법칙을 통해 새로운 사실을 이해하려 한다면, 환유는 **연속법칙**(contiguity)을 통해 부분이 나머지를 지시하고 전체를 이해하려는 목적을 가진다 (Fiske, 1982).

환유는 다시 환유(metonymy)와 제유(synecdoche)로 구분된다. 환유는 특정 기호가 지시하는 대상을 다른 개념으로 대치시키는 것을 말하고, 제유는 기호가 지시하는 어떤 대상을 그 대상에 머무르지 않고 전체로 대표(확대)함을 의미한다. 그래서 환유는 주로 대치를 의미하고, 제유는 대표 또는 표상을 의미한다(김경용, 1996). ✝(십자가) 기호를 통해 환유와 제유를 구분해 보자. 원래 십자가는 십자가형(crucifixion)[4]에 쓰인 사형 도구다. 하지만 예수가 십자가에 못 박혀 돌아가신 이후로 십자가는 예수의 희생과 인간에 대한 사랑, 성령 강림을 의미하는 도구로 전환되었다. 십자가 기호를 예수가 못 박혀 돌아가신 틀로 본다면 이 기호는 환유이다. 왜냐하면 십자가가 예수의 희생을 대치한다고 여기기 때문이다. 하지만 십자가를 종교에 대한 상징으로 본다면 이 기호는 제유이다. 이 기호가 가톨릭이나 기독교 전체를 표상하기 때문이다.

은유는 기호 사용자의 마음에 초현실적 효과를 일으키며 주로 상징 기호에서 발생한다. 반면, 환유는 사용자의 마음에 **현실적 효과**를 일으키며 도상이나 지표에서 나타난다. 사진을 예로 들어 보자. 자유의 여신상 사진은 미국을, 에펠탑 사진은 프랑스를, 오페라하우스 사진은 호주를 대표한다. 또 아프리카 빈민촌 아이를 찍은 사진(야윈 몸, 앙상한 팔다리, 맨발)은 빈곤한 아프리카 사람에 대

---

4) 십자가형은 고대 로마의 사형 방법으로 신아시리아, 페니키아, 페르시아 제국에서 사용하던 처형 방법이다.

■ 그림 4-3 ■ 아프리카의 빈곤 아이들

출처: ebs 글로벌 나눔 프로젝트 홈페이지. http://www.worldvision.or.kr/campaign/2014/ebsNanum_038.asp

한 환유이자 아프리카 전체 빈곤에 대한 제유이다([그림 4-3] 참조).
이 사진을 통해서 우리는 가 보지 못한 아프리카 어느 마을에 있는
아이의 상태를 정확히 인식할 수 있으며(현실효과), 사진에 표상된
표정과 행색을 통해 그들의 처지나 상태를 알아차릴 수 있다(환유).
더 나아가 사진을 통해 아프리카 어느 국가의 경제 상태나 복지 수
준을 유추하기도 한다(제유). 도상이 가진 이 특성 때문에 바르트는
"사진은 위험하다."라고 언급했다(Barthes, 1998).
  기호체계 안에서 환유는 강력한 힘을 발휘한다. 환유가 가지는 힘
은 두 가지 방식으로 작동한다. 하나는 현실과 연동해 세계의 세세
한 부분, 잘 알려지지 않은 영역, 감추고 싶은 사실을 포착하고 표상
하는 힘이다. 다른 하나는 표상의 부족함을 채우는 상상력이다. 사람
은 환유가 보여 주는 영역까지만 생각을 하는 것이 아니라, 보이지

않는 부분에 대해서 추리하고 상상한다. 환유를 통해 드러난 부분을 기반으로 하여 환유가 다 드러내지 못한 부분으로 생각의 폭을 넓힌다. 그래서 환유는 현실을 더 자세하게 알려 주는 기능과 더불어 보이지 않는 부분에 대한 상상을 불러일으키는 효과와 힘을 가진다. 예를 들어, 광고 사진을 통해 우리는 제품을 직접 보고 만지지 않아도 생생하게 알 수 있다(현실효과와 표상).

하지만 사진은 제품의 모든 부분을 다 보여 주거나 표상하지는 않는다. 이 한계에도 불구하고 광고 사진을 보는 이는 밝혀진 일부 내용을 토대로 제품 전체를 상상하거나, 제품을 쓰는 자신을 상상하거나, 제품의 효과와 가치를 상상한다(상상력). 환유를 통한 상상력이 작용하는 순간, 제품의 실재와 상상 속 실재 간 차이는 의미를 잃는다. 사진 속 이미지와 사진의 대상(실재)이 다르다 하더라도 인간은 상상과 사유를 멈추지 않는다. 상상 속에서 실재의 부족한 점을 다른 무엇으로 채우고, 메꾸고, 바꾼다. 이 때문에 환유가 가진 힘을 악용하는 사례도 지속해서 발생한다. 우리 삶을 파고든 가짜 뉴스(합성사진)나 조작된 보도사진은 모두 환유를 통한 상상력에 기반한다.

환유가 가진 고민이 바로 여기에 있다. 환유만으로는 진짜와 가짜를 구분할 수 없다. 환유 기능을 가진 사진만으로 진의를 판단할 수 없다면, 사진을 이용한 포토보이스는 진실과 거짓을 판단하고 분석할 수 있는 적정한 도구가 될 수 있을까?

3) 이미지와 코드 그리고 사진

이 책에서 이미지는 주로 시각 이미지(像)를 표현하는 말이지만, 원래 이미지는 도형(사진, 그림), 광학(영화, 애니메이션), 지각(외모), 정신(꿈, 기억), 언어(은유) 이미지를 모두 포함한다(Mitchell, 1986). 이미지가 시각에만 발현하지 않기에 시각장애가 있는 사람도 이미지가 마음에 떠오르며, 귀가 들리지 않는 사람도 청각 이미지가 발생할 수 있다(김경용, 1994). 다차원에서 이미지가 발생하기에 이미지를 하나로 정의하기 어렵지만, 기존 기호학에 따르면 이미지란 마음에 새긴 인상(impression)이다. 대상의 실재가 아닌 마음에 새긴 혹은 마음에 가지고 있는 대상에 대한 관념이다. 따라서 인상(이미지)은 실재와 강한 유사성을 가진다.

우리는 이미지를 두 가지 방식으로 인식한다. 하나는 실재(외부 대상체)가 우리 마음에 이미지를 형성, 조각, 건축하는 **지각작용**이며, 다른 하나는 내부 대사체(관념화한 실체)가 마음에 이미지를 불러일으키는 **상상작용**이다. 예를 들어, 에베레스트 정상의 풍경을 담은 사진을 보면서 우리는 에베레스트에 대한 이미지를 마음속에 그릴 수 있다. 비록 에베레스트 정상에 오른 적이 없어도, 실재 정상과 유사한 개념(이미지 속 정상)을 마음에 가질 수 있다. 이후 라디오 뉴스에서 에베레스트에 관한 이야기를 들으면 산 정상 이미지를 마음속에 떠올려 실제로 에베레스트에 가 본 듯 산에 관한 이미지를 상상할 수 있다. 따라서 사진이 전달하는 이미지란 실재 인간이 사진을 통해 획득한 지각(외부 대상체)과 지각을 바탕으로 발생하는 상상(내부 대상체)의 결과이다.

한편, 사진은 시간의 흐름에 따라 변해 가는 실재를 영원히 그 자리에 동결하고 고정한다. 다시 말해, 사진은 지금 그리고 여기에 대상을 고정해 주는 기호이다(대상은 사진 안에서 벗어나지 못하고 영원히 과거에 붙잡혀 있다). 어려운 말로 표현하면 사진은 부재 증명(한때는 있었지만, 지금은 사라진 대상)을 위한 언어이다. 사진을 이미지 혹은 메시지 전달 도구로만 고려한다면 사진에 대한 이해는 어렵지 않다. 하지만 사진에는 코드 없는 메시지(무의미)가 사진(도구)을 통해 코드(의미) 되는 사진 역설이 발생한다(Barthes, 1998). 사진 역설을 논하기에 앞서 코드에 대해서 잠시 짚고 가자. 사진이 표현하는 외시(外示) 이미지는 코드(coding)[5] 된다. 이미지뿐만 아니라 모든 기호는 코드의 결과로 볼 수 있다. 단순하게 보면 코드는 기호 제작과 해석의 원리이자 약속이다(Eco, 1979). 따라서 코드는 제작자와 수용자가 하나의 약속을 가질 때 의미가 발생한다. 예를 들어, 우리는 고양이가 짖는 소리를 야옹야옹, 강아지는 멍멍이라 생각한다. 만약 이 두 가지 의성어를 바꾸어 기술하거나 말하면 이상하다고 여긴다. 왜냐하면 강아지는 멍멍, 고양이는 야옹 하고 짖는다고 우리 사회가 약속(코드)했기 때문이다.

코드가 사회약속일 때, 사진에 코드가 발생할 수 있는 다양한 상황이 존재한다. 우리는 코드가 발생할 수 있는 혹은 발생하지 않는 최소 세 가지 상황을 고려할 수 있다.

---

5) 이 절에서는 기호학의 관점에서 코드와 이미지 그리고 사진 간 관계를 이해하기 위해 코드에 대한 간략한 내용만을 기술하였다. 코드의 종류(예: 논리, 심미, 사회 코드)나 기능, 문화 간 관계 등에 관한 내용은 김경용(1994)이나 기로(Guirraud, 1975)를 참조하기 바란다.

첫 번째는 사진에서 약속이 이행되는 상황, 즉 사진 외시 메시지가 코드 되는 현상이다. 앞서 3장에서 언급한 바와 같이 사진가가 의도한 바는 외시 이미지 형태로 사진에 드러난다. 사진을 보는 관객이 사진에 드러난 이미지(의도한 표상)를 명확히 이해하면 사진에서 코드가 발생한다.

관객이 사진가 의도를 이해하는 상황은 다른 말로 사회약속이 일어나고 지켜지는 현상이며, 대부분 사진가는 이 순간을 바란다. 이 관계는 앞에서 논의한 스투디움과 연동한다. 인간은 계약으로 약속된 문화 내에서만 스투디움을 인지할 수 있다(Barthes, 1998). 이 약속한 문화의 다른 말이 코드이다. 물론 코드가 발생하고 스투디움을 인지한다 해서 사진가 의도를 모두 인정하고 동의한다는 뜻은 아니다.

코드가 발생했다는 말은 사진가의 의도와 목적이 관객에게 전달되었다는 뜻이다. 의도가 전달되었다고 해도 관객은 그 코드에 동의할 수도 아니면 반대할 수도 있다. 코드에 대한 동의는 백화점에서 물건을 구매하는 행위와 유사하다. 백화점에서 매장 직원이 추천하는 옷을 모두 사는 사람은 없다. 코드 발생이란 매장 직원이 옷을 추천하고 그 옷을 구매하는 행위와 유사하다. 옷 추천과 구매가 다른 영역에서 일어나듯, 코드에 대한 동의와 실천 행동은 다른 영역이다. 우리는 타인의 주장을 이해한다고 해서 그 주장에 전부 동의하거나 그가 원하는 대로 행동하지 않는다. 이 논리는 사진에도 그대로 적용된다.

두 번째는 사진 역설이 발생하는 상황, 코드 없는 메시지에 코드가 발생하는 현상이다. 사진은 여러 가지 이미지를 기표할 수 있다. 사진의 어떤 이미지는 사진가가 의도한 기표이지만, 그 이미지를 제외한 다른 이미지는 사진가가 의도하지 않거나 그냥 우연히 담긴 이미지일 뿐이다. 역설은 의도하지 않은 기표, 이미지에서 일어난다. 사진가가 의도한 이미지를 관객이 알아차리는 약속 상황에서 코드 발생은 자연스럽다. 그러나 사진가가 의도하지 않은 이미지 혹은 그냥 우연히 담긴 이미지로부터 관객이 기의를 얻는 경우는 논리적으로 모순이지만 자주 일어난다. 코드가 일어날 수 없는 상황에서 코드 혹은 약속이 저절로 (의도하지 않게) 이루어진다. 마치 약속하지 않는 장소에서 우연히 누군가를 만나는 경험과 유사하다. 바르트는 이 관계를 **사진 역설**이라 불렀다. 사진이 언어나 지표 그리고 다른 도상 기호와 극명히 다른 점도 바로 여기에 있다. 타 기호 체계는 의도하지 않은 기표가 잘 발생하지 않는데, 의도하지 않은 기표가 발생하지 않으면 자연히 의도하지 않은 코드(약속)도 발생하지 않는다.

그러나 사진에는 사진가가 의도하지 않은 우연한 사건이 자주 일어난다. 국내에서 가장 유명한 UFO 사진 중 하나는 1995년 9월 4일 문화일보 김선규 사진기자에 의해 찍힌 일명 가평 UFO이다([그림 4-4] 참조). 기자는 본래 시골 마을의 가을 정취를 담고자 하였고, 이를 위해 곡식을 터는 시골 노부부의 사진을 찍었다. 사실 평범한 시골의 일상을 찍은 사진인데(의도한 외시 이미지), 사진의 오른쪽 위에 미확인 물체가 우연히 찍힘으로써(의도하지 않은 이미지) 사진은 전혀 다른 의미, 목적, 코드를 가지게 되었다(사진 역설). 심지어 이 사진의 원래 의도는 온데간데없고, UFO 코드만이 사진을 온통 뒤덮고 있다.

■ 그림 4-4 ■ 농촌풍경과 우연히 찍힌 UFO

출처: 문화일보. http://www.munhwa.com/news/view.html?no=2007110101037102212002

　한편, 이 역설은 푼크툼과 연동한다. 푼크툼은 개인이 사진 이미지에 가지는 우연한 감정이다. 사진을 통해 획득하는 우연하면서도 특수한 감정이 푼크툼이기에 사진가가 이 감정과 정서를 의도해서 사진에 담기는 어렵다. 사진가가 코드화하려는 의도가 없었지만, 사진을 통해 관객이 아픔이나 격렬한 감정을 느낀다면 이 현상은 사진 역설과 일맥상통한다. 약속하지 않은 장소에서(의도하지 않은 사진 이미지에서) 우리는 누군가를 만나는(푼크툼을 가지는) 묘한 경험을 가진다. UFO 사진에서도 원래 의도한 시골의 전경이나

우연히 잡힌 UFO에 대한 호기심이 아닌 노인의 흰머리나 밀짚모자, 고무신으로부터 강렬한 아픔(예: 돌아가신 조부모에 대한 기억)을 느낄 수도 있다. 전혀 의도하지 않은 혹은 별다른 정보를 담지 않은 이미지로부터 우리는 새로운 약속과 코드를 형성할 수 있다. 따라서 사진은 언제나 사진 그 이상의 의미를 전달한다.

세 번째는 사진에서 코드를 제작하려 했지만, 코드를 형성하지 못하는 현상이다. 사진가는 다양한 이미지를 통해 코드를 형성하려고 시도하지만, 항상 성공할 수 없다. 왜냐하면 관객은 사진가가 무엇을 의도했는지 모르기 때문이다. 의도한 이미지에 대한 관객의 무지는 두 가지 형태로 나타난다. 가장 빈번하게 나타나는 무지는 관객의 인지한 무지이다. 관객은 사진가가 이미지 안에 의미를 전달하고 있음을 알아차린다. 그러나 이미지 안에 담긴 의미가 정확히 어떤 의미인지는 쉽게 알 수 없다. 내가 모름을 아는 무지, 즉 인지한 무지(known-unknown)가 관객에게 발생하는 순간 사진에서 코드는 발생하지 않는다. 또 다른 무지는 사진가 의도가 사진에 존재한다는 사실조차 모르는 무지이다(미인지된 무지). 보이지 않는 고릴라 실험(Simons & Chabris, 1999)에서 사람은 집중하지 않으면 눈앞에서 고릴라가 지나가도 고릴라를 인식하지 못한다. 집중하지 않으면 덩치 큰 고릴라가 움직이는 것조차 인식하지 못하는 인간의 뇌가 소리도 빛도 없이 고정된 이미지를 매번 인지하기란 거의 불가능에 가깝다. [그림 4-4]도 UFO를 인지하지 않으면 구름이나 새로 인식했을 가능성이 크다. 인식하지 못하면 UFO 코드는 관객에게 미인지된 무지가 되고, 끝내 UFO 코드는 발생하지 않는다.

제**5**장

포토보이스와
지식구조

이 장에서는 포토보이스가 가지는 지식구조와 형성방법에 대한 깊이 있는 논의를 진행하였다. 포토보이스는 질적 연구방법이며, 연구방법의 본질은 지식형성에 있다. 따라서 방법론이 지식을 어떠한 구조와 원리로 형성하고 도출하는지 파악하는 작업은 방법론을 이해하는 데 기본이 되면서도 중요한 과제이다.

이 장은 크게 두 가지 논의를 중점으로 다루었다. 하나는 방법론이 형성하는 지식에 대한 본질을 논하였다. 특히 지식을 무지와 대비하면서 지식이 가지는 가치와 무지의 위험성을 논하였다. 안다는 사실(명제)은 무엇이며, 모른다는 명제는 무엇인지, 그리고 앎과 모름의 한계와 영역은 어떻게 이해해야 하는지 논의하였다. 그리고 이 논의를 포토보이스에 대입하여 포토보이스가 형성하는 지식과 무지를 고민하였다.

다른 하나는 포토보이스가 형성한 지식이 지식체계의 관점에서 어떤 역할과 기능을 수행하는지 논의했다. 인간의 지식은 단일 형태에 머무르지 않고 변화를 지속한다. 지식형태의 변화와 더불어 저장과 표현양식에 따라 지식은 우리에게 다양한 기능을 제공한다. 포토보이스에서 발생하는 지식은 다양한 형태를 가지는 동시에 하나 이상의 정보 매체에 저장된다. 정보는 인간의 두뇌(인지)에서 시작하여 사진과 담화 그리고 글과 언어(발표 등)를 거친다. 이 과정에서 참여자로부터 발생한 정보는 다른 참여자나 연구자를 거쳐 지역사회로 퍼져 나간다.

체계이론의 관점에서 보면, 포토보이스의 지식은 개인 수준의 개별지식(micro)에서 연구체계인 중시(meso)를 매개하여 지역사회나 정책 수준의 지식(macro)으로 전환한다. 개인이 가진 단순하고 개별적인 지식, 때로는 우리 사회가 눈여겨보지 않고 무시했던 생각과 관점이 사진과 연구라는 도구를 통해 사회로 뛰쳐나간다. 우리가 몰랐던 혹은 알고 있었지만 무관심으로 일관했던 배제된 지식이 다른 이름과 옷으로 갈아입고 새롭게 등장했다. 이는 새로운 지식의 등장이자 옹호와 사회변화의 시작이다. 지식창조는 완전한 무에서 유를 만들어 내기보다는 독창성(originality)을 발견하는 일이다. 우리는 포토보이스가 형성하는 새로운 지식이 어떤 과정을 거쳐 새로운 지식으로, 독창성으로, 그리고 사회변화의 시작으로 변천하는지를 해체하고 추적했다.

1. 지식의 두 얼굴: 인지와 무지

정보화 시대 이후 지식은 보편화하였다. 지식은 소수의 엘리트 계층이 누린 특권에서 다수 대중이 이용·보급·생산할 수 있는 보편재화로 자리매김했다. 지식이 보편화됨으로써 지식은 정보전달 매체를 통해 스스로 재생산을 하기 시작했다. 인간은 모방의 동물이다. 타인의 기술, 지식, 정보를 모방함으로써 새로운 문화와 지식을 이룩한다(장대익, 2012). 모방 가능한 정보가 많을수록, 모방 방법이 쉬울수록, 모방 기회가 많을수록, 인간은 새로운 지식을 더 많이 더 쉽게 모방해서 만들어 낼 수 있다. 지식 확대를 넘어 지식 생성이 폭발하고 있다.

인간이 지향하는 지식 확대에 대한 열정은 역설적으로 무지의 증대를 초래하고 있다. 지식사회학의 관점에서 오늘날 사회는 단순 '지식사회'가 아닌 '지식과 무지의 동시 사회'이다(Smithson, 1993; 김종길, 2016). 사전적으로 무지(無知)는 '앎이 없는 상태'를 의미한다. 그러나 현대의 의사결정이론은 '알려지지 않았지만 일어날 개연성이 있는 사건들에 대한 불확실성'(김종길, 2016, p.125)의 개념으로써 무지를 재개념화(reconceptualization)하고 있다. 루만(Luhmann, 1992)은 무지를 특정 내용에 대한 결여와 부재가 아니라, 특정 경험과 지식을 알기 위해 수반되어야 하는 기대지평[1]의 부재 상태라 주장하였다(김종길, 2016). 이러한 측면에서 무지는 지식에 의하여 소멸하거나 제거되는 잔여가 아니다. 오히려 무지는 지식증가와 함께 재생산되는, 때로는 동시에 출현하거나 상호작용하는 관계로 봐야 한다. 이 관점하에서 오늘날 우리가 살아가는 사회는 지식과 무지가 급속히 공진화(co-evolution)하는 사회로 접어들었다.

지식과 무지 간 관계를 이해하기 위해, 더 나아가 포토보이스에서 생성하는 지식과 무지 간 관계를 이해하기 위해 커원(1993)이 제시한 **무지 유형화**(무지의 틀)를 살펴보았다. 무지의 틀은 아직 개인과 사회 수준에서 알려지지 않은 것(unknown)과 사회적으로 구성되어 알려진 것(known)에 대하여 구분하고, 이를 다시 개인 수준과 사회체계 수준의 지식으로 구분하였다(〈표 5-1〉 참조). 사회체계 수준의 지식은 다시 사회에 알려진 것 혹은 사회를 통해 구성된 지식(known things)과 아직 사회에서 체계화되지 않았거나 보고되지

---

1) 기대지평은 특정 규범이나 경험, 기대 등과 같은 개념으로 구성되며 기대지평을 근거로 하여 인간은 지식 매체를 이해하고 해석한다.

〈표 5-1〉 인지와 무지(ignorance)의 유형화[2]

개인 수준 지식 (personal knowledge)	사회체계 수준 지식 (social system knowledge)	
	인지한 것 (known things)	미인지한 것 (unknown things)
인지(a) (known)	인식(a-1) (awareness)	미인지된 지식(a-2) (unknown known, tacit knowledge)
미인지(b) (unknown)	인지한 무지(b-1) (known unknown)	미인지된 무지(b-2) (unknown unknown)
오류(c) (error)	오류(c-1) (error)	허위사실(c-2) (false truths)
의도한 무지(d) (proscribed knowledge)	거부(d-1) (denial)	금기(d-2) (taboos)

출처: Kerwin (1993), pp. 178-182에서 재구성.

않은 미정(未定) 지식(unknown things)으로 구분된다. 이때 모형은 개인이 아는 것 혹은 알 수 있는 지식이 사회가 아는 것 혹은 알 수 있는 지식보다 작다고 가정한다. 모형 개별영역에 대한 설명은 다음과 같다.

첫째, 개인의 앎과 사회의 앎이 교차하는 영역(a-1)이 인식 (awareness)이다. 인식은 개인 수준의 앎과 사회체계 수준의 앎이 일치된 상태를 의미한다. 이는 개인의 앎이 사회 구조적으로 인정된 상태를 의미하며 주로 명시지(explicit knowledge)의 성격과 형태를 지닌다. 포토보이스 관점에서 인식을 논의해 보자. 코로나

---

2) 표에 기술한 지식과 무지 외에도 인지한 인지(known known)이지만 활용되지 않은 무지, 의도되지 않은 무지, 아직은 모르는 지식(yet-not-knowledge), 본질에서 알 수 없는 무엇 (non-knowledge-ability) 등이 존재한다.

19(COVID-19)로 인한 팬데믹 이후, 많은 이가 전염병에 대한 정보를 습득했고 예방에 대해 이해했다. 만약 코로나19 이후 삶의 변화를 포토보이스로 연구할 경우, 사진에 담기는 상당한 정보와 지식(예: 마스크 착용)은 인식 차원에서 이루어질 수 있다. 개인이 가진 지식(예방전략)과 사회체계 수준의 지식이 같은 선에서 이루어진다.

한편, 개인의 앎과 사회의 무지가 교차하는 영역(a-2)이 **미인지된 지식**(unknown known)이다. 이는 내가 알고 있는 무엇을 사회가 모름을 의미하며, 누군가가 알아서 활용하고 있으나 명시적으로 공인되거나 나타난 지식이 아닌 암묵지(tacit knowledge)를 의미한다(Nonaka, 1994). 암묵지는 오랜 경험에 기반을 두어 체화(體化)되었지만, 기표로 표현하지 못한 지식(예: 노하우)을 말한다. 포토보이스 측면에서 봤을 때, 연구참여자가 아직 표출하지 못한 욕구나 인식이 미인지된 지식으로 볼 수 있다. 다시 말해, 정부나 지역사회는 알지 못하지만, 참여자가 생활 속에서 느끼고 경험하고 인지하는 문제, 욕구, 한계가 암묵지로 남는다. 이 암묵지는 참여자가 카메라를 들게 하는 원동력으로 작용하며 카메라에 담기는 참여자 시선의 주요한 방향성이다.

둘째, 무지 영역(b-1)은 다른 무지상태와 구분하여 **인지(認知)한 무지**(known unknown) 혹은 **메타-무지**(meta-ignorance)로 불리며 (Smithson, 1993), 대부분 과학과 실증학문은 이 영역에 초점을 두고 있다(Kerwin, 1993). 과학자가 질병에 대한 새로운 치료법 개발에 몰두하거나, 교사가 새로운 교육방법에 관심을 쏟거나, 사회복지사가 클라이언트를 위해 새로운 프로그램을 개발하는 일은 이 형태의 무지로부터 비롯한다. 다양한 실천 현장(의료, 교육, 복지, 공공 등)에서 사람은 자신이 이해할 수 없는 정보나 현상의 존재에 대해서 인지하고 있으며 동시에 이 현상을 이해하기 위해 노력한다.

포토보이스에서 참여자의 인지한 무지는 중요한 역할을 한다. 연구에 참여하기 전에 혹은 연구에 참여하는 과정에서 참여자는 자신이 무엇을 놓치고 있음을 인지하거나, 평소에 알고는 있으나 자세히는 알지 못한 영역 혹은 알지만 무시하고 있던 부분을 사진에 담고 언어로 표현한다. 사진에 담는 이미지(정보와 지식)는 평소에 전혀 몰랐던 사건이나 사실이 담길 수 있다. 하지만 상당 부분은 평소에 알고는 있지만 자세히 살펴보지 않았거나 알려고 노력하지 않은 부분이 담길 가능성이 크다. 대상자가 연구에 참여함으로써 평소 인지하고 있었지만 잘 몰랐던 부분을 찾아내어 사진에 담을 가능성이 크다. 인간은 전혀 모르는 영역보다는 조금이라도 아는 영역(인지한 무지)에 더 큰 관심과 호의를 가질 수밖에 없다.

무지의 또 다른 영역(b-2)은 **미인지된 무지**(unknown unknown)이다. 미인지된 무지는 내가 모르고 있다는 사실조차 모르는 상태를 의미한다. 우리는 인지하는 현상에 초점을 둘 뿐이지 인지하지 않는 현상에는 큰 관심을 두지 않는다. 우리 사회는 모르고 있는 것조차 모르는 '미인지된 무지'에 대한 논제와 현상에 대하여 생소하며, 이와 결부된 다양한 위험에 대해서도 무방비 상태에 놓여 있다. 그러나 코로나19와 같이 도저히 일어날 수 없다고 생각한 무지하고 위험한 일은 언제나 일어나기 마련이다.

포토보이스에서 미인지된 무지는 두 가지 방향으로 대입해 볼 수 있다. 하나는 대상자가 연구에 참여하기 전까지 인지하지 못했던 현상, 사실, 감정이며, 다른 하나는 연구가 진행되기 전까지 발견할 수 없었던 연구결과이다. 대상자는 자신이 잘 알던 혹은 알고 있지만 자세하게는 몰랐던 사실과 현상을 사진에 담는다. 하지만 사진을 찍는 과정에서 존재한다는 사실조차 몰랐던 무엇을 발견할 수도 있다. 때로는 사진에 우연히 담긴 이미지가 중요한 실마리(hint)나 담화의 소재가 된다. 미인지된 무지는 참여자보다 연구자 관점에서 더 빈번히 일어날 수 있다. 연구 시작 전에 연구대상이나 환경에 대한 사전 조사가 이루어지지만, 세세한 내용이나 상황을 모두 파악할 수 없다. 따라서 연구에서 도출하는 다양한 내용, 관점, 갈등, 해석은 어쩌면 연구자가 새롭게 발견한 인식이지만 발견하기 전까지는 미인지된 무지이다.

셋째, 개인의 앎이 사회 수준에서는 옳지 않은 지식으로 판명되는 일이 **오류**(c-1)이다. 오류란 개인의 잘못된 믿음, 미신, 부정확한 관점을 의미한다. 오류는 일상생활뿐만 아니라 교육이나 과학 그리고 복지와 의료현장에서도 광범위하게 퍼져 있다. 특정 소수만이 효과를 본 치료방법, 상담경험, 교육자료, 대체요법 등 검증받지 않은 우연한 효과가 마치 그럴듯하게 포장되어 우리 주변을 맴돌고 있다. 학계에서는 검증되지 않은 채 효과가 있다고 주장하는 가짜 지식을 사이비 과학(pseudo-science)이라 부른다. 사이비 과학이나 가짜 지식과 현상이 포토보이스에 담길 가능성이 있다. 참여자가 사진에 담는 사건과 현상이 모두 거짓 없는 사실이면 좋겠지만, 때로는 사회 수준에서 개인이 진실이 아닌 가짜를 진실이라 믿으며 사진에 담을 수 있다. 또는 의도 여부와 관계없이 상(image)을 과대 혹은 축소하여 사회가 인지하고 있는 진실과는 다른 결과나 관점을 도출할 수도 있다. 따라서 연구자와 참여자는 항상 자신이 진실이라 생각하는 부분에 대한 의문과 사실유보를 사진에 남겨 둘 필요가 있다.

　개인이 가진 오류를 사회체계가 일부 수정하고 제거하지만, 사회와 개인이 공통으로 가진 잘못된 지식은 쉽사리 해소되지 않는다. 이 영역(c-2)이 허위사실이다. 허위사실은 우리가 모두 알고 있으나(혹은 알고 있다고 믿으나) 사실은 개인도 사회도 무지하거나 잘못 아는 지식을 의미한다. 허위사실은 전통적 생각이나 관습의 형태로 우리에게 전달되는데, 진실이 밝혀지기 전까지 사회는 허위를 진실로 포장하여 통용시킨다. 우리가 확정되지 않는 무엇을 진실로 받아들이기 위해서는 정교한 절차에 따른 증명이 필요하다. 포토보이스에서도 참여자가 자신이 진실이라 믿고 주변에서도 대상자가 보고 믿은 사건이 진실이라 언급해도, 그 사건이 진실이 아닐 가능성은 언제나 존재한다. 사회가 진실이라 믿는 사건을 개인도 진실이라 믿고 사진에 담아도, 누군가 사건을 조작하거나 고의로 가짜 진실(fake news)을 사회와 개인에게 퍼트릴 가능성이 있다. 특히 유튜브와 같은 개인 방송이 증가하면서 가짜 진실과 왜곡된 사실이 우리 사회와 개인에게 범람하고 있다. 이상의 한계로 인해 포토보이스에 담긴 사진과 사진 담화가 의도하든 의도하지 않든 진실이 아닐 가능성이 존재하며, 현재는 사진과 담화가 진실이지만 시간이 흘러 진실이 아니게 될 가능성도 있다.

　넷째, 마지막 영역은 의도성과 연계한다. 개인 차원에서 의도한 무지는 '알려고 하지 않는 태도와 결과', 즉 거부(d-1)를 의미한다. 사회 차원에서 의도한 무지는 '모르기를 바라는 의지와 행위' 혹은 '위험해서 통용되면 안 되는 지식이나 대상'을 반영하는 금기(d-2)

를 의미한다. 의도한 무지는 사회적 차원에서 정보 차단, 무관심, 통지의 의도적 곡해에서부터 개인 차원의 원치 않는 정보에 대한 의도적 배제, 정보 습득 지연, 의도적 회피에 이르기까지 다양하다. 의도한 무지는 다양한 공간과 차원에서 발생한다. 예를 들어, 말기 암 환자가 암 관련 정보를 더는 습득하지 않고 포기하는 행위, 흡연자가 금연에 관한 정보를 회피하는 행위는 개인 차원에서 의도한 거부에 해당한다. 반면, 의료진은 막 개발한 치료법이나 약품에 관한 정보를 환자나 공공에 함부로 공개하기 꺼린다. 왜냐하면 일반인이 그 정보를 습득한 후 오용하였을 때 유발되는 사회적 부작용이 정보를 개방하지 않는 문제보다 더 크기 때문이다.

사진은 거부와 금기가 보존되기보다는 폭로되고 드러나는 장소이다. 사진은 우리가 숨기고 싶어 하는 진실, 사회가 감추고자 하는 사건을 정면으로 드러낸다. 감추고자 의도하는 진실이 사진에 담길 때, 진실은 스투디움을 통해 우리에게 전달되며, 우리는 사진가의도와 정확히 마주친다. 사진이 제공하는 정보, 의미, 욕망을 스투디움을 통해 명확히 이해함으로써 우리(관객)는 작가의 알리바이(alibi)가 된다. 따라서 사진에 담긴 상으로 인해 금기는 더는 금기로 남지 못하고, 거부는 힘을 잃어 폭로된다. 사진이 가진 이러한 속성 때문에 바르트는 사진이 위험한 지식전달 매체라 강조했다 (Barthes, 1998, p. 32).

제**6**장

포토보이스 지식구조
형성과 해체

1. 지식구조이론: 노나카의 지식창조이론

포토보이스와 관계하는 지식과 무지에 대한 논의를 기반으로 포토보이스 내 지식구조와 형성에 관해 본격적으로 논의해 보자. 액코프(Ackoff, 1989)는 인간의 마음속 내용을 자료(data), 정보(information), 지식(knowledge), 이해(understanding), 지혜(wisdom)라는 5개 유형으로 분류했다. 원자료가 관계 연결(relational connection)을 통해 의미를 생성하면 정보가 되고, 이 정보가 활용될 수 있으면 지식이 된다(Bellinger, Castro, & Mills, 2004). 지식은 크게 암묵적 지식(tacit knowledge)과 형식적 지식(explicit knowledge)으로 구분하며(Polanyi, 1958), 우리는 지적 활동에서 두 유형의 지식을 모두 활용한다(Grant, 2007; Nonaka, 1994). 암묵적 지식 또는 암묵지(暗默知)란 형식이나 틀에 고정되지 않은 지식으로 인간의 경험이나 학습을 통해 몸에 쌓은 지식을 의미한다(Nonaka & Takeuchi, 1995; Polanyi, 1958). 즉, 학습과 체험을 통해 개인이 체화(體化)하거나 외부로 표출하지 않은 형태의 지식이다. 예를 들어, 사람은 헤엄치는 방법을 한 번 배우면 시간이 지나도 헤엄치는 방법을 계속 기억한다. 비록 헤엄치는 방법에 대한 지식을 명시화하지는 않았으나 신체 혹은 뇌가 헤엄치는 과정 또는 방법을 지식으로 암묵화하였기에 헤엄칠 수 있다. 반면, 형식적 지식 혹은 명시지(明示知)는 문서, 영상, 음성처럼 외부로 표출되고 공유 가능한 지식을 의미한다. 주로 기호(언어)로 코드화한 지식인 명시지는 책, 설계도, 영화, 음악 등과 같은 기호 매체를 통해 공유·획득·이해된다.[1]

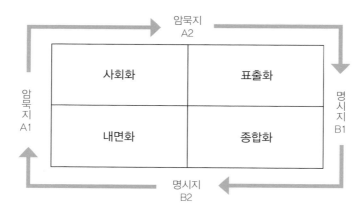

■ **그림 6-1** ■ **노나카의 SECI**(socialization, externalization,
combination, internalization) 모델

출처: Nonaka (1994), pp. 14-37의 내용을 일부 수정함.

　지식을 암묵지와 명시지로 뚜렷이 구분할 수 있으나 두 가지 지
식을 서로 독립해 형성하거나 창출할 수는 없다. 오히려 두 지식
간 상호작용과 순환을 통한 양적·질적 발전을 거쳐 암묵지와 명
시지가 창출된다(Nonaka & Takeuchi, 1995). 이를 바탕으로 노나
카(Nonaka, 1994)는 SECI 모델(지식창조이론)을 통해 명시지와 암묵
지 간 지식창조, 전환, 재창조 과정을 제시하였다([그림 6-1] 참조).
SECI 모델은 암묵지와 명시지 간 전환과정에서 발생하는 사회화
(socialization), 표출화(externalization), 종합화(combination), 내면화
(internalization) 과정에 관한 도식이다. 사회화는 지식창조과정의
첫 번째 칸으로 상호작용을 통해 암묵지와 암묵지를 공유하는 과
정이며, 표출화는 암묵지를 명시지로 변환하는 과정이다. 종합화

---

1) 학계에서는 형식지와 명시지를 혼용해서 사용한다.

에서는 명시지가 또 다른 명시지로 재탄생하는 과정이며, 내면화는 사회화에서부터 표출화, 종합화를 통해 창조된 명시지가 암묵지로 변환되는 과정이다.

SECI 모델에 따르면 인간과 사회는 네 가지 순환을 활용하여 지식을 형성한다.

첫째는 **암묵지(A1)에서 암묵지(A2)로 전환하는 사회화과정**이다. 사회화 과정에서 인간은 타인과 환경 안에서 체험, 관찰, 모방 등 감각적 경험을 하고 경험적 지식(암묵지, A2)을 얻는다. 즉, 직접적 경험을 통해 암묵지를 공유하고 창조한다.

둘째는 **암묵지(A2)에서 명시지(B1)로 전환하는 표출화과정**이다. 이는 마음속에 있는 심상, 아이디어, 생각, 노하우 등과 같은 암묵지(A2)를 상징적 언어(symbolic language)를 사용하여 정교화하는 과정이다. 이 과정에서 암묵지는 언어, 그림, 소리 등을 통해 코드화되고 개념 또는 원형(prototype)과 같이 외부로 표출 가능한 명시지(B1)로 전환된다. 인간이 상상을 현실로 구현한다는 점에서 혁신(innovation)과 맥을 함께한다(Xu & Chen, 2010).

셋째는 **명시지(B1)에서 명시지(B2)를 창출하는 혹은 표출된 명시지를 체계화하는 종합화** 또는 연결화 과정이다. 표출된 명시지 간 조합, 연결, 공유 과정을 통해 기존 명시지를 또 다른 명시지로 가공하고 수정한다는 점에서 종합화 과정은 편집으로 일컬어진다.

넷째는 **표출된 명시지(B2)를 암묵지(A1)로 전환하는 내면화과정**이다. 내면화는 표출화와 종합화에서 공유하고 코드화한 생각, 기술, 노하우를 암묵지(생각, 개념, 사상 등)로 전환하고 체화하는 과정이다. 새로운 암묵지를 학습(learning)하고 습득(acquiring)하는 과정으로서 실행과 반영을 통해 명시지를 구현한다(Nonaka, 2010). 따라서 내면화는 지식 습득의 가장 보편적인 방법인 교육을 의미한다.

2. 포토보이스 지식구조 해체: 지식형성구조와 분해

1) 지식구조 해체의 목적과 방법

긴 시간 동안 철학을 필두로 사회학, 경영학, 일부 자연과학의 관심은 사회와 개인이 구축하는 지식구조와 지식의 형성과정을 고찰하고 분석하는 데 있었다(김종길, 2013). 만하임(Mannheim)과 셸러(Scheler)로 대표되는 독일의 지식사회학(관념지식 패러다임)은 환경과 맥락(예: 나이, 성, 계급)하에서 형성하는 지식의 구속성을 분석했다. 또 머튼(Merton)의 과학사회학은 지식, 특히 과학지식을 형성하는 학자가 직면한 규범체계(과학사회의 조건과 운영원리)가 과학지식을 형성한다고 주장했다. 1970년대 이후 활발하게 발전한 과학지식사회학(예: 강한 프로그램)은 지식과 사회적 맥락 간 관계에 초점을 두었다. 이 관점에서 지식은 자연과 같은 단순한 혹은 객관적 실재의 반영이 아니라 다양한 사회요인(체계, 문화, 하비투스 등)에 영향을 받는 사람이 구성하는 결과물이다. 즉, 과학지식사회학자들은 사회 구성물과 인간의 지속적 상호작용이 지식을 구성한다고 믿었다. 이 장의 분석은 과학지식사회학이 가진 논리를 상당 부분 받아들였음을 밝힌다. 특히 포토보이스 내 참여자 사이, 참여자

와 연구자 사이 그리고 연구자와 지역사회 사이에서 발생하는 지
식을 사회맥락이 구속한다고 가정한다. 다시 말해, 연구에서 발생
하는 암묵지와 명시지(특히 사진을 통한 지식)가 객관적 실재만을 반
영하기보다는 사회맥락 안에서 해석되어야 하는 실재, 욕구, 문제
를 반영했다고 생각한다.

　하지만 방법론의 측면에서 포토보이스를 보았을 때, 연구과정과
도출 결과를 사회맥락과 연동하기는 어렵다. 오히려 맥락을 배제
하고 순수하게 연구방법이 형성하는 진리 생성의 과정으로 볼 필
요가 있다. 이는 루만의 이원・양가성 코드에 따른 진리 생산의 관
점과 맥을 같이한다(Luhmann, 1986). 다시 말해, 현실의 복잡하고
다양한 실재가 포토보이스라는 틀을 통해 하나의 진리로 재생산될
가능성을 기반으로 하여, 재생산과정을 해체하는 틀로 SECI 모델
을 적용하였다. SECI 모델은 지식형성에서 작용할 수 있는 사회맥
락을 배제하였고, 암묵지와 명시지 간 관계의 결과(작용)만 모형에
담았다. 사회맥락을 배제한 점에서 지식형성의 동기와 원리 그리
고 환경을 고려하지 못한 점은 모형의 한계로 작용한다. 하지만 두
가지 지식의 전환과 결과에 대한 원리를 간명하고 명확하게 제공
하기에 앞에서 언급한 우리 논의의 방향성을 충분히 지지한다.

　한편, 포토보이스 지식형성구조가 가지는 특성을 이해하기 위해
질적 연구방법 중 하나인 문화기술지(ethnography)와 비교를 시도
하였다. 문화기술지는 주로 일상 세계에서 발생하는 보편적이고 특
수한 지식을 형성한다는 점에서 현상학적 지식사회학과 맥을 같이
한다(김종길, 2013). 현상학적 지식사회학은 일상 세계를 연구의 대
상으로 삼았다. 여기서 일상 세계란 사람 간 상호작용과 소통의 시

공간이자 특별한 실재이다(Schütz & Luckmann, 1975). 이 관점에서 일상지식은 사회의 하위범주와 체계를 관통하고 사회에서 중요한 모든 지식의 근원지가 된다. 문화기술지를 사용하는 연구자가 특정 세계와 상호작용하는 방법으로 공간을 활용하는 이유도 일상 세계에 대한 최대한의 접근을 지향하는 동시에 일상 세계로부터 도출되는 일상지식을 획득하기 위함이다. 하지만 현상학적 지식사회학이나 문화기술지를 활용한 상당수의 연구는 특정 사회가 가진 다양한 의미, 체계, 양식을 해석하고 분석하는 데 치중하기에 편향성의 한계에 빠지기 쉽다(김종길, 2013).

문화기술지와 포토보이스는 참여자와 연구자 간 지속적인 상호작용을 형성하고 이를 통해 지식을 획득한다는 점과 사진과 같은 시각 자료를 빈번하게 활용한다는 점에서 공통점을 가진다. 하지만 포토보이스는 참여자를 통해 형성한 지식(사진)을 연구의 출발점으로 삼았으나, 문화기술지는 연구자의 연구목적과 질문(inquiry)을 통해 시작한다. 이 차이로 인해 포토보이스의 참여자는 문화기술지의 참여자보다 더 능동적으로 활동할 뿐만 아니라 참여자와 연구자 간의 상호작용도 포토보이스에서 더 크게 발생하게끔 하는 동력으로 작용한다. 또한 포토보이스의 공론화 과정(발표)은 기존의 연구방법이 가지지 못한 독특한 지식형성의 구조이기에 문화기술지와 대비는 이 특수성을 더 명확하게 보여 줄 수 있다고 생각했다.

2) 문화기술지와 포토보이스의 지식형성구조의 비교

(1) 문화기술지

문화기술지는 연구자가 특정 문화를 공유하는 집단에 내·외재한 정신활동 경향 혹은 양식(pattern)을 기술하고 해석하는 연구방법이다. 정신 활동 경향이란 의식, 신념, 관습 행동, 규칙적 행위, 언어를 통해 드러나는 집단 내 행위방식을 의미한다. 집단 행위방식을 찾는 방법으로서 문화기술지는 연구자에게 현장조사와 연구를 요구한다(Wolcott, 2008). 현장조사를 할 때는 가능한 한 다양한 자료를 수집하게 되는데, 대상자 면접과 관찰, 상징과 언어분석, 인공물과 행동 등을 통해 자료를 획득한다. 한편, 문화기술지는 실재론적 문화기술지 접근과 비판적 문화기술지 접근으로 구분한다. 실재론적 문화기술지 접근은 참여자가 처한 상황에 대한 객관적인 정보와 이야기를 전달하는 데 목적이 있다. 대체로 제3자 관점에서 연구를 진행하며 참여자로부터 획득한 시·청각 정보를 그대로 전달하고 보고하는 방식을 취한다(Creswell & Poth, 2016). 비판적 문화기술지 접근은 사회에서 주변화된 집단의 이익을 옹호하고 사회 불평등구조와 체계를 비판하는 목적을 가진다(Thomas, 1993). 비판적 접근을 이용하는 연구자는 정보 제공의 객관성보다는 가치 개입, 참여자 역량 강화, 문제 비판, 권위 저항에 더 큰 관심을 두며 연구대상의 권익과 해방을 옹호한다.

노나카의 지식창조이론에 기반을 두어 문화기술지의 지식형성구조를 분해한 결과는 [그림 6-2], [그림 6-3]과 같다. 실재론적 접근과 비판적 접근을 구분한 후, 각 접근에서 형성되는 지식구조를

자료 획득	객관적 자료 기술 (실재론적 문화기술지)	지식형성구조
관찰 · 발견: 명시자료 (q1. 예: 그림, 노래) →	명시지(a1) (객관적 보고) →	종합화(C): 자료 기술

■ 그림 6-2 ■ 실재론적 문화기술지: 관찰 · 해석형 지식형성구조

분석하였다. 실재론적 접근에서 발생하는 지식형성구조는 종합화
이다(명시지→명시지). 실재론적 문화기술지의 핵심은 객관성이다.
이 관점에서 연구자는 대상으로부터 획득한 정보를 오류 없이 기
술하고 보고함으로써 특정 집단(대상)이 내재한 삶과 행동을 분석
한다.

많은 문화기술지 연구자는 현장을 직접 방문하여 대상에 대한
자료를 직접 획득한다(예: 레비스트라우스의 슬픈 열대). 연구자는 참
여와 관찰을 통해 대상자가 표출한 다양한 자료, 예를 들어 그림,
춤 · 노래, 문자 · 문서, 관습 · 행위를 보고 기록한다(q1). 이때 연
구자가 관찰하고 습득한 자료의 원형은 명시지이다. 연구자가 문
서에 기록한 새로운 지식(a1)은 연구자가 내재화하고 암묵한 지식
이 아닌 관찰대상이나 환경에 표출한 실재 혹은 연구자가 오감(五
感)으로 수용할 수 있는 신호(code)이자 기표이다. 연구자가 관찰
하고 발견한 명시지를 최대한 객관적인 절차에 따라 보고 · 기술함
으로써 실재론적 접근은 연구대상의 삶과 정신 활동의 경향을 밝
힌다. 즉, 기존의 다양한 명시지를 연결하고 체계화함으로써 새로
운 명시지를 생성한다[종합화(C)].

비판적 접근에서 발생하는 지식형성구조는 [그림 6-3]과 같이

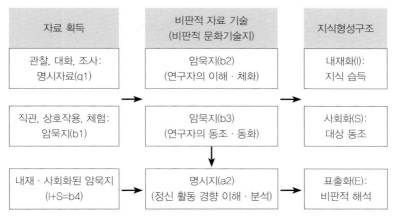

자료 획득	비판적 자료 기술 (비판적 문화기술지)	지식형성구조
관찰, 대화, 조사: 명시자료(q1)	암묵지(b2) (연구자의 이해 · 체화)	내재화(I): 지식 습득
직관, 상호작용, 체험: 암묵지(b1)	암묵지(b3) (연구자의 동조 · 동화)	사회화(S): 대상 동조
내재 · 사회화된 암묵지 (I+S=b4)	명시지(a2) (정신 활동 경향 이해 · 분석)	표출화(E): 비판적 해석

■ **그림 6-3** ■ **비판적 문화기술지: 관찰 · 해석형 지식형성구조**

다양하다. 먼저, 내재화이다[명시자료(q1)→암묵지(b2)]. 앞서 언급한 바와 같이 문화기술지를 수행하는 연구자는 현장관찰 등을 통해 다양한 자료를 획득한다. 동시에 대상면접, 상징조사, 언어분석, 행위파악 등 다양한 방법을 통해 명시화한 자료를 습득한다. 실재론적 관점에서 획득한 명시자료는 바로 기록되고 보고되지만, 비판적 관점에서의 자료는 명시화에 앞서 연구자의 지식에 일정 기간 머무른다. 왜냐하면 비판적 접근에서는 연구자가 연구대상의 행위방식을 바로 기록하지 않고 이해하고 체화하려는 노력을 추가로 하기 때문이다(Creswell & Poth, 2016). 따라서 연구자는 자료를 그냥 받아들이지 않고 맥락을 해석하고, 경향을 예측하며, 기존의 다른 지식과 비교 · 분석한다. 이 과정에서 연구자는 자신의 판단과 분석을 바탕으로 획득한 명시자료를 새롭게 각인하고 해석한다. 연구자가 명시자료(q1)를 새로운 암묵지로 전환하며(b2), 전환이 완료됨과 동시에 연구자는 지식을 내재화한다(I).

다음으로 비판적 접근에서 지식은 사회화된다[암묵지(b1)→암묵지(b3)]. 문화기술지 현장연구에서 연구자는 명시화한 자료뿐만 아니라 암묵지식을 다양한 형태로 직접 전달받는다. 연구자는 대상과 교류과정에서 직관, 통찰, 감각, 삶의 철학(b1)을 경험하고 (Creswell & Poth, 2016) 대상자가 가진 암묵지를 습득한다(b3). 문화기술지에서 연구자는 외부자(etic)이지만 대상자의 내부자 관점 (emic)과 양식을 이해할 수 있는 이유도 연구자의 암묵지 습득과 밀접하게 연결되어 있다. 다시 말해, 비판적 문화기술지에서 연구자는 연구대상에서 멀어진 타인이 아니라 연구대상이 가진 정신에 동화하고 동조하는 이웃으로 자리한다. 그 결과, 연구자와 연구대상자의 지식은 사회화된다(S).

비판적 접근에서 이루어지는 지식형성과정의 최종단계는 표출화이다[암묵지(b4)→명시지(a2)]. 실재론적 접근이 명시자료의 종합화(연결화)를 지향한다면 비판론적 접근은 암묵지의 표출화를 목표로 한다. 앞서 논의한 바와 같이 연구자는 현장연구를 통해 관찰한 명시자료와 체험한 암묵지를 모두 암묵지로 전환한다(b3). 전환과정에서 연구자는 환경과 맥락에 대한 이해, 대상자와의 동화, 대상에 대한 지식 증가를 경험하면서 다양한 양적 · 질적 변화 또한 경험한다. 구체적으로 지식의 암묵화과정에서 새로운 생각을 도출하고 현상에 대한 직관과 통찰을 증대시킨다. 이 새로운 관점과 증대된 지식을 기반으로 연구자는 연구대상의 정신활동 경향을 더욱 명확하게 이해하고 분석한다. 실재론적 접근과 달리 비판론적 접근은 도출한 자료뿐만 아니라 대상이 내재화한 심상, 욕구 · 욕망, 정신 등을 주관적 혹은 비판적으로 이해하고 반영하려는 목적을 가지고 지식을 형성한다. 상위 분석에 기반하여 우리는 문화기술지에서 발생하는 지식형성구조를 관찰·해석형 지식형성으로 조작 정의하였다.

(2) 포토보이스

포토보이스 내 지식형성은 연구자와 참여자 간 양자성(dyadic relationship)에 기초한다. 포토보이스는 연구자와 참여자 간 지속적인 상호작용을 통해 연구를 진행한다. 따라서 포토보이스에서 지식을 형성하는 주체는 연구자와 참여자 모두이다. 문화기술지에서 연구자는 현장에서 마주한 대상의 특성과 맥락을 관찰·기록·기술한다. 이때 관찰과 경험을 통해 획득하는 명시자료와 암묵지를 이해하고 새롭게 해석하는 작업(새로운 지식형성)을 하는 일은 오롯이 연구자의 몫이다. 하지만 포토보이스는 연구자와 참여자가 함께 지식을 생산하며, 사진(전시 포함)이라는 매체를 통해 지식을 생성·전달·확산한다(Wang, 1999).

포토보이스와 기존 질적 연구의 가장 큰 차이는 사진이라는 매체에 있다. 사진은 실재(實在)가 아닌 대상의 유사체(analogue)를 이미지화한 가상 실재이다. 가상 실재에서 이미지는 코드가 있는 메시지와 코드가 없는 메시지를 전달한다(Barthes, 1998). 사진이 빛 작용으로 보이는 대상 그대로의 이미지만을 포착하고 생산한다면 사진에 담긴 이미지는 코드가 없는 메시지로 간주한다. 반면, 코드가 있는 메시지는 코드가 없는 메시지로부터 발원한다(Barthes, 1998). 우리는 사진에 코드된 유사체(가상 실재)와 매개하여 대상과 직면한다. 이 만남은 우연적이고 개별적이지만 동시에 현실적이며 실재적이다. 유발 하라리(Yuval Harari, 2015)는 가상의 실재를 모든 사람이 믿는 공통성이라 규정했다. 공통 믿음이 지속하는 한, 가상의 실재는 현실 세계에서 힘을 발휘한다. 바르트의 말처럼 사진에서는 코드가 없는 메시지(무의미)가 사진(도구)을 통해 코드(의미)되는 역설이 발생하며, 포토보이스도 사진이 가진 역설에서 벗어날 수 없다. 따라서 사진으로부터 획득하는 의미는 처음부터 의도해 형성할 수 있지만 때로는 사진에 담겼기에(코드 되었기에) 사후 의미를 부여하는 일도 일어난다.

포토보이스 특수성에 기반하여 지식구조를 해체하면 포토보이스 기법은 구현, 이해, 공론의 세 단계[2]를 가진다([그림 6-4] 참조).

첫째, 구현단계에서 참여자의 지식은 사진을 매개로 연결되고 표출된다. 사진에 나타난 상(象)은 코드가 존재하거나 존재하지 않는다. 지식이론의 관점에서 대상을 보이는 그대로 포착한 이미지(코드 없는 메시지) 혹은 실재($r1$)는 참여자가 획득한 명시지이다. 참여자가 찍은 사진에 상이 맺히고 상에 담긴 실재는 대상의 유사체(사진)를 걸쳐 다른 형태의 명시지($a1$)로 연결·정립된다. 다시 말해, 명시적 자료로서 하나의 실재가 다른 명시자료인 사진으로 연결·변환되는 과정을 거친다(종합화, $C1$). 코드가 있는 메시지는 참여자가 사진을 통해 드러내고자 했던 미충족된 욕구와 욕망($n1$)을 함축적으로 나타내는 이미지이다. 욕구와 욕망은 참여자에게 암묵지 형태로 내재해 있었지만, 사진을 통해 외부로 표출한다. 즉, 참여자가 가지고 있던 암묵지($n1$)를 사진을 통해 명시지($a2$)로 표출

---

2) 〈표 6-1〉에 [그림 6-1]에서부터 [그림 6-5]까지 사용한 기호를 설명하였다.

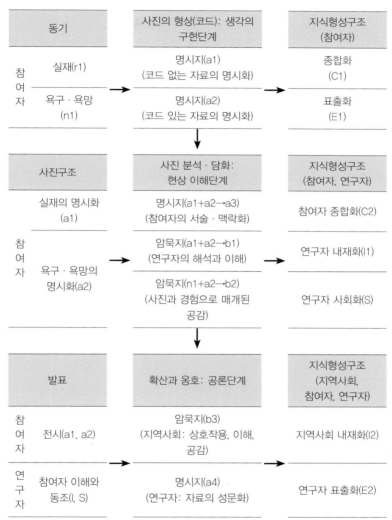

동기		사진의 형상(코드): 생각의 구현단계	지식형성구조 (참여자)
참여자	실재(r1)	명시지(a1) (코드 없는 자료의 명시화)	종합화 (C1)
	욕구ㆍ욕망 (n1)	명시지(a2) (코드 있는 자료의 명시화)	표출화 (E1)

사진구조		사진 분석ㆍ담화: 현상 이해단계	지식형성구조 (참여자, 연구자)
참여자	실재의 명시화 (a1)	명시지(a1+a2→a3) (참여자의 서술ㆍ맥락화)	참여자 종합화(C2)
	욕구ㆍ욕망의 명시화(a2)	암묵지(a1+a2→b1) (연구자의 해석과 이해)	연구자 내재화(I1)
		암묵지(n1+a2→b2) (사진과 경험으로 매개된 공감)	연구자 사회화(S)

발표		확산과 옹호: 공론단계	지식형성구조 (지역사회, 참여자, 연구자)
참여자	전시(a1, a2)	암묵지(b3) (지역사회: 상호작용, 이해, 공감)	지역사회 내재화(I2)
연구자	참여자 이해와 동조(I, S)	명시지(a4) (연구자: 자료의 성문화)	연구자 표출화(E2)

■ **그림 6-4** ■ **포토보이스: 구현ㆍ이해ㆍ공론형 지식형성구조**

한다(표출화, E1).

　둘째, 이해단계에서 참여자는 사진을 서술하고 연구자는 참여자에 대해 이해한다. 이 단계에서 포토보이스가 가지는 양자성이 명

확하게 나타난다. 포토보이스에서 참여자는 사진에 상을 담아내는
역할을 넘어 연구자와 함께 사진에 맺힌 상이 가지는 의미에 대해
이해 · 분석 · 평가 · 해석 · 공유한다. 이 과정에서 참여자와 연구
자는 공동지식을 형성한다(co-creation of meaning and knowledge;
Jull, Giles, & Graham, 2017). 구체적으로 사진에 담긴 코드 있는 메
시지(a2) 또는 코드 없는 메시지(a1)는 참여자의 서술을 통해 새로
운 형태의 명시지(a3)로 전환한다(C2). 즉, 참여자는 사진에 담긴
의미와 형상을 기술하고 해석하면서 사진에 담긴 이미지를 언어
로 기표(記標)한다. 참여자의 사진과 서술은 연구자의 이해와 공
감을 일으킨다. 그 결과, 사진에서 나타난 코드와 실재, 참여자가
기표한 명시지를 통해 연구자는 참여자가 처한 환경과 생각을 이
해[a1+a2 → b1, 내재화(I1)]하고, 그들의 삶을 공감하며 지지한다
[n1+a2 → b2, 사회화(S)]. 지식이론 차원에서 해석하면 참여자의 명
시지로부터 연구자의 암묵지(b1, b2)가 발현한다.

셋째, 공론단계는 기존 질적 연구와 대비되는 포토보이스의 가
장 큰 차별점이다. 기존 질적 연구에서 지식을 표출하고 명시화하
는 역할은 연구자에게 한정되어 있다(예: 논문, 책, 보고서 등). 비록
참여자가 연구의 주축을 차지하긴 했지만 지식을 표출하고 생각
을 공론화하는 역할까지 맡지는 못했다. 하지만 포토보이스는 토
론회, 발표회, 세미나 등을 통해 참여자의 목소리(욕구, 실재, 아이
디어)를 지역사회에 직접 전달한다. 이 과정에서 포토보이스의 최
종단계인 확증이 이루어진다. 발표를 통해 지역사회 주민은 참여
자가 가진 욕구와 그들이 직면한 문제를 이해하며 공통의 공감과
여론을 생성한다. 지식이론 차원에서 살펴보면 공론화(발표)를 통

해 지역사회 주민에게 참여자의 지식(명시지)을 암묵지로 전환한다 [a1, a2 → b3, 내재화(I2)]. 한편, 연구자는 사진을 통해 명시지 또는 암묵지를 받아들였고 참여자의 다양한 비언어적 행위, 느낌, 감각 을 경험한 후 지식을 암묵화했다. 그리고 연구자는 논문, 보고서, 책 등의 형태로 암묵지를 외부로 전달한다[I, S → a4, 표출화(E2)].

3) 포토보이스 지식형성구조: 분해와 해석

이 장에서는 시간의 흐름에 따라 형성되는 포토포이스의 지식구 조를 [그림 6-5]에 도식화하였다. 지식을 형성하는 순서에 따라 구 현, 이해, 공론 단계로 구분하였다. 첫 번째 구현단계는 참여자가 직면하는 실재와 욕망이 사진에 투영하는 초기 단계를 의미한다. 두 번째 이해단계는 참여자와 연구자가 상호작용을 통해 새로운 지식을 만드는 단계이다. 세 번째 공론단계에서는 연구를 통해 형 성한 지식을 지역사회에 전파한다. 즉, 시간의 순서에 따라서 참여 자로부터 시작한 혹은 참여자가 내재한 지식과 욕구가 사진, 연구 자, 연구를 거쳐 지역사회로 전파된다. 그리고 이 과정에서 형성하 는 암묵지와 명시지 그리고 두 가지 지식이 전환하는 과정을 도식 으로 설명하였다.

연구 시작은 구현단계이다. 이 단계에서 참여자는 사진을 통해 자신이 바라는 삶 혹은 해결하기 원하는 욕구를 명시화한다. 초기 단계에서 참여자는 자신의 욕구와 실재를 인지할 수도 혹은 인지 하지 못할 수도 있다. 포토보이스 혹은 사진이라는 도구 혹은 문 (門)을 열어 자신의 실재를 명시화한다. 즉, 자신의 지식을 표출

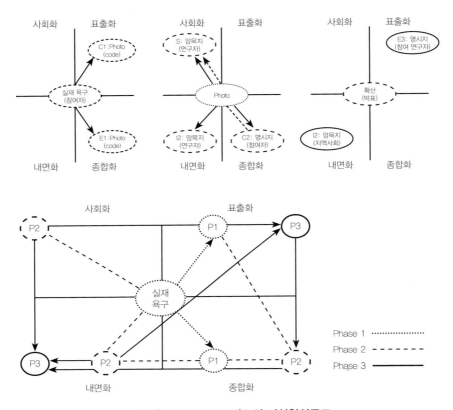

■ 그림 6-5 ■ 포토보이스의 지식형성구조

화 또는 종합화를 통해 암묵지를 명시지로 전환한다. 참여자만이
알고, 느끼고, 경험하는 관점을 사진을 통해 외부로 드러낸다. 이
때 코드 있는 메시지로서 사진은 참여자가 지각한 관점(known-
known) 또는 평소에 지각하지 못했으나 마음에 담고 있던 생각
(unknown-known)에 대한 은유이자 기표이다.

보이지 않는 지식이 보이는 단계로 들어서면 두 번째 이해단계
가 시작된다. 이해단계에서 참여자는 사진을 통해 새로운 명시지
를 만들고, 연구자는 사진과 참여자의 서술에 대한 이해와 공감을

통해 암묵지를 형성한다. 두 번째 단계의 핵심은 상호작용 혹은 지식의 전파와 전이이다. 기존 질적 연구방법 중 하나인 문화기술지는 연구자의 눈과 목소리를 통해 얻은 참여자 정보를 가지고 지식을 구성한다. 반면, 포토보이스는 연구자가 아닌 참여자의 눈과 목소리를 통해 지식을 직접 도출한다. 이 과정에서 연구자는 참여자 옆에서 참여자가 도출하는 지식과 목소리를 듣고, 관찰하고, 이해하고, 공감하는 조연을 자처한다. 즉, 포토보이스에서 다루어지는 사진은 참여자에게는 목소리[聲]와 말[言]을 만들게끔 하고, 연구자에게는 듣는 귀[耳]와 새로운 눈[觀]을 열어 준다. 시간의 흐름에 따라 연구자는 참여자를 이해·공감·옹호하게 되며, 참여자의 삶이 연구자 개인과 지역사회의 삶과 과제로 전환된다.

세 번째 공론단계에서 이루어지는 발표는 기존 질적 연구가 수행하지 않았던 포토보이스만의 독특함이다(Wang & Burris, 1997). 동시에 연구방법이 포토 '보이스(voice)'라 일컬어지는 이유도 여기에 있다. 연구 혹은 방법론 관점에서 포토보이스는 대상자에 대한 깊은 이해를 실현하고, 철학 관점에서 포토보이스는 타자성을 주체화한다(Barthes, 1998). 하지만 옹호 또는 혁신 맥락에서 포토보이스는 사회에서 배제되고 소외된 주변인들을 끌어내어 이들이 사회로 진입할 수 있는 통로 구실을 한다. 이때 사회진입을 실현하는 통로가 발표이다. 행위자 연결망 이론(actor network theory, Latour, 1996)에 따르면 네트워크에서 지식을 형성하는 과정을 번역(translation)이라 칭한다. 여기서 번역은 한 행위자가 다른 행위자를 끌어들여 네트워크를 형성하는 과정을 의미한다. 주변(periphery) 행위자가 중심 행위자의 생각, 의도, 관념을 이해함으로써 번역을 완성한다. 즉, 핵심 행위자가 주변 행위자를 자신의 네트워크 안에 끌어들이고 유지함으로써 지식을 형성하고 전파한다. 이때 핵심 행위자가 형성한 네트워크로 주변 행위자가 진입하는 데 필요한 통로를 '의무 통과점(obligatory passage point)'이라고 하며, 이는 행위자 연결망 구축의 핵심요소이다. 이를 포토보이스에 대입해 보면 공론단계에서 이루어지는 발표과정은 참여자-연구자(핵심 행위자)가 형성하는 연결망에 지역사회(주변 행위자)가 진입하는 핵심통로이다(의무 통과점). 구체적으로 참여자는 발표과정을 통해 자신을 지역사회로 진입시킬 뿐 아니라 지역사회를 참여자 자신의 세계로 초대한다.

요약해 보면, 참여자는 자신이 직면한 경험, 욕구, 실재를 사진으로 드러내고 목소리와 말을 통해 지식을 형성한다. 동시에 연구자는 듣는 귀와 새로운 눈을 가지고 또 다른 지식을 형성한다. 공동으로 형성한 지식을 발표라는 통로를 통해 지역사회로 도출함으로써 참여자의 눈은 비로소 목소리로서 역할을 한다. 시간의 관점에서 볼 때, 포토보이스의 지식형성구조는 빠르게 진행될 수도 있고 때로는 더디게 진행될 수도 있다. 기존 연구를 살펴보면 1개월에서 3개월 사이의 간격을 보이기도 하지만, 때로는 며칠 내로 끝날 수도 있다. 왜냐하면 포토보이스 참여자는 일반적으로 수명에서 수십 명이지만 때로는 1명을 대상으로도 연구를 진행할 수 있기 때문이다(Bishop, Robillard, & Moxley, 2013). 따라서 여러 명의 생각과 사진을 종합할 때는 상당한 시간이 필요하나 참여자가 단독으로 진행할 때는 상대적으로 짧은 시간으로 족하다. 이를 통해 phase 1에서부터 phase 3까지 걸리는 시간은 지식을 형성하는 행위자(참여자, 연구자, 지역사회 환경 등)의 영향을 받을 수밖에 없다 (Latour, 1996). phase 1에서 phase 3까지 지식형성구조와 환경은 일반화보다는 개별화 혹은 특수성의 관점으로 접근해야 한다.

〈표 6-1〉 지식형성이론과 포토보이스 지식 해체에 대한 설명

기호	의미	그림
A1, A2	인간과 사회의 지식이 암묵지 상태로 보전 혹은 전환된 경우. 형식지로부터 내면된 암묵지를 A1, 사회화된 암묵지는 A2로 표기	그림 6-1
B1, B2	지식이 명시지(형식지) 상태로 보전 혹은 전환된 경우. 암묵지로부터 표출환된 명시지를 B1, 명시지로부터 종합화된 암묵지는 B2로 표기	그림 6-1
q1	최초의 원형자료를 의미. 사회에서 오래전부터 존재했거나 인간을 통해서 최근 형성한 다양한 명시자료(노래, 춤, 그림, 벽화, 예식, 풍습 등)를 질적 자료(qualitative materials, [q1])로 표기	그림 6-2, 6-3
a1, a2	연구과정에서 도출한 명시지를 의미. 명시지에서 명시지로 전환은 a1으로, 암묵지에서 명시지로 전환은 a2로 표기	그림 6-2, 6-3
b1, b2, b3, b4	연구과정에서 도출한 암묵지를 의미. 암묵지에서 암묵지는 b1, b3, b4로, 명시지에서 암묵지로 전환은 b2로 표기	그림 6-3
S, E, C, I	질적 연구의 특정 과정에서 형성한 지식형성의 단계를 사회화(socialization, [S]), 표출화(externalization, [E]), 종합화(combination, [C]), 내면화(internalization, [I])로 표기	그림 6-4
r1, n1	포토보이스 참여자가 직면한 환경, 조건, 상황으로 객관적 실재는 현실(reality, [r])로, 참여자가 현실 안에서 느끼는 주관적 실재(혹은 암묵지)는 욕구(need, [n])로 표기	그림 6-4
a3	포토보이스 과정에서 사진에 담긴 두 가지 명시지(코드 유무)가 또 다른 형태의 명시지로 전화하는 과정을 a3로 표기	그림 6-4
b1, b2	포토보이스 과정에서 두 가지 명시지가 암묵지로 전환하는 과정을 b1으로, 욕구(n1)와 코드 있는 명시지가 결합되어 새로운 암묵지로 전환하는 과정을 b2로 표기	그림 6-4

a4, b3	포토보이스 발표단계에서 참여자의 두 가지 지식이 지역사회의 암묵지로 전환하는 과정을 b3로, 연구자가 이해 · 동조한 암묵지가 성문화(연구자료)되는 과정을 a4로 표기	그림 6-4
C1, E1, I1, C2, .E2, I2	숫자 1은 포토보이스의 지식형성 초기단계(사진 촬영 전이나 직후)에서 이루어진 지식형성을 의미하며, 숫자 2는 참여자, 연구자, 지역사회가 사진 서술, 발표 등을 통해 형성한 지식단계를 의미	그림 6-5
P1, P2, P3	포토보이스에서 지식형성이 이루어지는 단계를 총 3단계(3 phases)로 구분함. 1단계에서는 실재와 욕망이 사진으로 변형, 2단계에서는 사진의 두 가지 명시지가 참여자와 연구자에게 명시지와 암묵지로 변환, 3단계에서는 공론화를 통해서 참여자, 연구자 그리고 지역사회로 전파	그림 6-5
실선	사진이 진행되는 방향을 가리킴	그림 6-5
점선	참여자의 서술이 진행되는 방향을 가리킴	그림 6-5

제 **7** 장

포토보이스 지식형성
주체와 해석

1. 포토보이스 내 지식형성 주체와 역할

1) 화자(찍는 이) 관점

포토보이스 내 지식형성 주체는 화자와 청자로 나뉜다. 여기서 말하는 화자는 연구 참여 대상자(예: 사회 소외계층), 사진 찍는 이, 사진을 말하는 사람(담론 형성)을 일컫는다. 화자의 역할은 두 가지이다. 하나는 자신이 경험하는 삶, 실재, 욕구, 욕망을 사진에 반영하는 일(view)이며, 다른 하나는 사진에 담긴 욕망과 실재를 청자(보는 이)와 지역사회에 알리는(voice) 역할이다(Wang & Redwood-Jones, 2001). 사회에 소외된 주변인이 포토보이스를 통해 사회에 진입할 수 있음을 고려할 때(허원빈, 오영삼, 2020), 화자가 사진에 담아내는 실재와 담화는 공동체 지식과 담론의 원료이다. 화자가 어떤 생각과 경험을 가지는지, 어떤 실재가 사진에 담기는지, 어떻게 사진에 담긴 실재를 말하고 표현하는지에 따라 청자와 공동체 지식형성에 중대한 영향을 미친다.

화자가 만드는 사진과 사진에 관한 담화를 통합해 지식이라 간주. 바르트의 사진 철학(Barthes, 1998)과 포토보이스의 지식형성구조(허원빈, 오영삼, 2020)를 고려할 때, 화자의 지식은 크게 네 종류로 귀결한다(〈표 7-1〉 참조).

첫째, 코드의 존재 여부이다. 바르트는 사진에 담긴 가상의 실재(이미지)를 코드를 통해 해석한다. 사진이 대상 그대로의 이미지만 포착한다면, 즉 사진을 찍는 이가 보는 이에게 전달하고자 하는 생

〈표 7-1〉 포토보이스 내 화자가 생성하는 지식

화자(S)			
(지식: 사진 + 담화)			
사진 코드(有)		담화	사진 코드(無)
↓		↓	↓
의도(有)	의도(無)	Ck	의미 없는 사진정보(Nk)
Ak	Bk		(예: 풍경, 행인 등)

단위	화자가 형성한 지식 합
I(개인)	Ak + Bk + Ck + Nk
G(집단)	Σ(Ak + Bk + Ck + Nk)

* A=assertion(의도한 주장), B=by(의도 옆에서, By chance), C=Conversation, G=Group, I=Individual, k=Knowledge, N=Neutrality, P=Public.

각, 감정, 욕망, 욕구가 사진에 담기지 않는다면 그 사진은 코드[1]가 없다고 판단한다.

둘째, 코드의 의도성 여부이다. 사진은 찍는 이가 의도한 이미지와 의도하지 않은 이미지가 함께 공존할 수 있다. 바르트가 지적하듯이 "사진에는 너무도 잘 은폐되어 있기에 당사자 자신도 모르고 있거나 의식하지 못하는 것을 드러내기 때문이다(Barthes, 1998, p. 37)." 예를 들어, 눈으로 고정할 수 없는 순간의 포착, 기술을 통한 시각 왜곡, 의외의 발견(의도하지 않았지만, 자세히 보거나 우연히 찍힌 무엇에 대한 발견)이 사진에 나타난다. 의도하지 않은 이미지에도 코드가 부여될 수 있다. 따라서 의도하지 않는 이미지에 코드를

---

[1] 코드는 푼크툼(punctum)과 스투디움(studium)으로 구분(Barthes, 1998)하지만, 우리는 이 차이를 명확히 구별해서 분류·분석하지 않겠다. 다만, 두 가지 인식체계가 다른 형태로 지식을 구성함을 명확히 인정한다.

형성한 사진(이미지)과 처음부터 의도를 가지고 형성한 코드 있는 이미지는 다른 지식 차원이나 수준을 형성할 가능성이 있다. 지식 차원에서 두 가지 지식을 구분하면 의도한 코드는 참여자가 평소 지각한 관점과 지식을 의미하는 인지한 지식(known-known)이며, 의도하지 않은 코드는 평소에 지각하지 못했으나 사진을 통해서 뒤늦게 발견한 마음에 담고 있던 생각이나 감정(unknown-known)으로 해석할 수 있다.

셋째, 담화이다. 포토보이스의 핵심은 참여자의 사진 서술에 있다. 일반적으로 포토보이스 연구자는 사회에서 소외된 계층을 연구참여자로 고려한다. 포토보이스는 소외계층이 가지는 언어 한계를 사진 매체를 통해 극복하려는 전략을 사용한다. 즉, 포토보이스는 사진에 담긴 상(像) 혹은 시각 심상을 활용하여 참여자가 가진 부족한 언어를 채우려 한다. 자신이 만든 시각 이미지를 보면서 설명함으로써 참여자는 더 풍부하고 정교한 설명과 묘사를 진행한다. 동시에 듣는 이(혹은 보는 이)도 이미지와 설명이 함께 조합한 지식을 받아들임으로써 더 크게 공감하고 인식의 폭을 넓힌다.

넷째, 코드 없는 이미지이다. 코드가 없거나 담화에 포함되지 못한 정보, 예를 들어 인물화의 배경, 사진에 우연히 그리고 작게 찍힌 행인 등의 정보는 존재는 하지만 의미 없는 정보로 사진에 담긴다. 주지해야 할 부분은 화자 사진의 코드 없는 이미지와 청자가 받아들이는 코드 없는 이미지는 전혀 다를 수 있다. 화자에게는 아무런 의미 없는 정보나 지식이 청자에게는 의미를 불러일으킬 수 있다. 이를 바르트식으로 표현하면 사진을 통해 가지는 개별적이고 특수한 감정인 푼크툼(punctum)이다. 같은 사진을 보아도 보는 이가 누구인지 따라 다른 감정과 코드를 인식한다. 이 논리에 따르면 화자가 코드가 없다고 생각한 이미지에서도 청자는 푼크툼을 느낄 수 있다. 따라서 코드 없는 이미지에 대한 화자와 청자의 입장과 관점이 다를 수 있으며, 코드가 없는 이미지에서도 청자의 코드는 발생할 수 있다.

한편, 포토보이스를 참여자 구성 측면에서 개인과 집단으로 구분할 수 있다. 포토보이스의 참여자는 보통 수명에서 수십 명에 이른다. 하지만 특수한 경우에는 1명을 대상으로 포토보이스를 진행(Bishop, Robillard, & Moxley, 2013)하기도 한다. 개인 단위에서 볼 때 지식의 총합은 사진에 담긴 코드 있는 지식(의도성 유 · 무 포괄)과 코드 없는 지식 그리고 담화를 통해 형성한 지식으로 볼 수 있다. 집단 측면에서 볼 때 지식의 총합은 화자 지식의 총합, 즉 화자 수만큼 혹은 화자가 만들어 낸 지식의 수만큼의 합으로 간주할 수 있다. 물론 사람 간 유사하거나 같은 지식은 동일 지식군으로 분류 가능하다.

2) 청자(보는 이) 관점

포토보이스에서 청자는 미시 관점에서 연구자, 포토보이스에 참여한 참여자, 공론화단계(예: 발표회)에 참여한 지역주민으로 한정할 수 있다. 반면, 거시 관점에서는 포토보이스를 인지한 일반 대중, 정당, 다양한 학계까지도 확대할 수 있다. 여기서 언급하는 청자는 주로 미시 관점의 청자로 한정한다. 포토보이스에서 청자는 화자만큼 중요한, 아니 어떤 면에서는 화자보다 더 중요한 위치를 차지한다. 왜냐하면 포토보이스는 기존 질적 연구가 시도하지 않았던 공론화단계(주로 발표회)를 이용하여 화자와 청자의 상호작용을 증대하고, 청자가 가진 생각을 변화시켜 사회에 새로운 지식을 형성하기 때문이다(Wang & Burris, 1994, 1997). 공론화단계에서 사진에 담긴 화자의 주체성 혹은 타자성은 청자의 주체성으로 전환하거나 두 주체 간 상호작용을 통해 화자의 주체성을 변화시킨다. 바르트(1981)가 언급했듯이, 사진은 정보만을 전달하는 매체가 아니라 사진을 찍는 이(화자)와 보는 이(청자) 간 감정이 교차하는 공간으로 기능한다. 사진을 찍는 이가 전달하고자 하는 생각이나 감정이 사진에 담기지만, 보는 이는 찍는 이가 전달하고자 하는 정보를 받아들이지 못하거나(거부) 받아들인다고 해도 다르게 해석할 수 있다. 다시 말해, 보는 이는 찍는 이가 전달하는 지식을 이해하고 동의하기도 하지만 비판하고 거부할 자유와 권한을 가진다. 앞서 언급하였듯이 사진은 다중의미를 생성하는 도상 기호이며, 사진의 스투디움은 보는 이의 비판과 부정을 위해 항상 문을 열어 둔다.

화자가 생성하는 지식은 네 가지 형태로 구분하는 데 비해, 청자가 생성하는 지식은 좀 더 복잡한 일곱 가지로 확장할 수 있다. 이 복잡성은 청자 지식이 갖는 독특성과 특수성으로 인해 나타난 결과라기보다는 화자 지식에 대한 반영과 반동으로 인해 발생했다. 청자 지식도 화자 지식과 같이 사진 코드의 유무, 의도성 유무, 담화를 통해서 형성한다. 여기에 화자 지식에 관한 동의 여부 체계가 추가된다. 즉, 화자가 제공하는 사진 코드를 인식하는 데 그치지 않고 생성된 코드에 대한 동의(코드 동질성) 혹은 반대(코드 이질성)를 통해 청자 자신만의 지식을 형성한다. 이는 담화에 대해서도 마찬가지이다. 화자가 생성하는 담화를 청자가 100% 동의할 수 있지만, 역으로 100% 부정할 수도 있다. 이 반응은 화자의 의도와는 무관한 결과이다. 청자가 형성하는 지식은 의도한 사진 코드를 동의하거나(SAk) 부정한 지식(FAk), 의도하지 않은 코드를 동의하거나(SBk) 부정한 지식(FBk), 담화에 대한 동의(SCk)와 부정(FCk) 그리고 인식하지 못했거나 의미 없는 정보의 총합(Nk)으로 구성한다 (〈표 7-2〉 참조).

〈표 7-2〉 포토보이스 내 청자가 생성하는 지식

청자(L) (지식: 사진 + 담화)				
사진 코드(有)		담화(GCk)		사진 코드(無)
의도(有) GAk	의도(無) GBk			
↓	↓	↓		↓
동의한 혹은 받아들인 지식 (코드. +)	반대한 혹은 받아들이지 못한 지식 (코드. −)	동의한 담화 (지식. +)	반대한 담화 (지식. −)	의미 없는 사진정보(Nk). 미인식한 정보
↓	↓	↓	↓	
SAk, SBk	FAk, FBk	SCk	FCk	

단위	화자(담화, 사진)를 통해 청자가 형성한 지식의 합
I(개인)	SAk+SBk+FAk+FBk+SCk+FCk+Nk
G(집단)	Σ(SAk+SBk+FAk+FBk+SCk+FCk+Nk)
P(공론화)	Σ(SGk×LGk×PGk)

* PG(Public Group)는 발표회에 참여한 대상을 의미하며, 최대 포토보이스(연구, 발표결과)를 인지한 대중까지 확대할 수 있음. G=Speaker Group, LG=Listener Group.

* A=Assertion(의도한 주장), B=By(의도 옆에서, By chance), C=Conversation, F=Fail, G=Group, I=Individual, k=Knowledge, N=Neutrality, P=Public, S=Success.

화자와 달리 청자의 지식 총합은 개인, 집단, 공론화로 구분할 수 있다. 포토보이스의 공론화단계는 기존 연구체계가 가지지 못한 독특성이자 연구방법으로서 '보이스(voice)'라는 명칭을 사용하는 이유이다. 특히 사회에서 배제되고 소외된 대상이 사회 주변인으로 존재하였지만, 공론화단계를 통해서 사회 안으로 편입한다. 공론화과정(토론회, 발표회, 세미나 등)을 통해 화자인 대상자가 여론을 형성하며, 이 여론에 청자인 지역사회가 이해, 공감, 평가를 통해 여론을 형성한다. 허원빈과 오영삼(2020)은 이 과정을 행위자 연결망 이론(actor network theory, Latour, 1996)을 활용하여 생각과 지식의 번역과정으로 해석했다. 참여자가 생성하는 다양하고 이질적인 생각, 감정, 경험이 포토보이스라는 틀 혹은 문(門)을 통해 보편성과 당위성을 가지는 지식과 주장으로 변환된다고 해석했다. 이 관점하에서 개인과 집단 지식의 합을 하나의 여론이나 주장으로 귀결하기에는 이질성과 개별성이 강하다. 하지만 공론화라는 번역과정을 거치면 이질성은 집단 내 공통성과 특수성으로 전환된다. 비록 개인과 집단 모두 포토보이스를 통해 지식을 통합하지만, 공론화단계에서 형성하는 지식은 상대적으로 강한 통합성, 보편성, 특수성(집단 내)을 가진다.

2. 포토보이스 해석에서 두 가지 관점

1) 땅 넓히기 관점: 탐색과 발견

땅 넓히기 관점을 수학기호로 표기하면 수열의 합(sigma, Σ)과 같다. 이 관점에서 사회 소외계층이 가지는 특수한 혹은 다양한 문제는 사회가 아직 파악하지 못한, 알려지지 않은 지식이다. 소외계층이 만들어 낸 지식(생각과 사진)은 연구자에게는 미지의 세계이자 숨겨진 비처(秘處)와 같다. 지도에서 보이지 않는 부분(참여자 문제와 미충족 욕구)을 연구자가 밝히고 넓혀 가는 과정이다([그림 7-1] 참조). 따라서 참여자가 지식을 많이 생성할수록 연구자는 참여자가 속한 세계에 대해 더 많이 이해할 수 있다[이해의 땅(양과 폭) 넓히기].

땅 넓히기 관점이 존재하기 위해서는 두 가지 전제가 필요하다. 하나는 도출한 지식에 대한 동질성이며, 다른 하나는 지식의 단일 방향

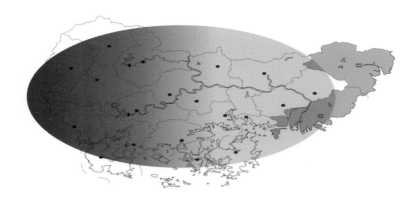

■ 그림 7-1 ■ 땅 넓히기 관점

성이다. 참여자가 생성하는 지식은 다채롭고 다양하지만 큰 틀 안에서는 동질성을 유지한다. 예를 들어, 낙후된 지역에 거주하는 주민들이 생성하는 다양한 사진과 담화는 사람마다 그리고 집단마다 다양할 수 있다. 하지만 모든 사진과 이야기는 연구주제인 지역의 낙후성을 벗어날 수 없다. 즉, 낙후 지역에서 찍은 경사진 도로, 낡은 건물, 어두운 골목, 교통을 방해하는 고목을 찍은 사진은 각각 다양성을 가지지만 지역의 낙후성이라는 담론을 구성하는 기호소(전체를 구성하는 부분)로 작용한다.

한편, 땅 넓히기 관점이 존재하기 위해서는 참여자가 생성한 지식에 복수 방향성이 없어야 한다. 이 전제는 통계학의 OLS(ordinary least square, 최소 자승법)와 유사하다. 회귀선, 즉 최적 추세선을 기준으로 위아래의 자료 합은 0이다(0, 1, −1의 합은 0). 합이 0이면 의미가 없기에 최소 자승법은 추세선 아래 값을 제곱(Square)하여 모든 값을 더한다. 참여자가 생성하는 지식에 특정 방향성(+ 혹은 −)이 혼재한다면 연구자가 지식을 종합하는 과정에서 혼란을 겪을 가능성이 크다. 심하면 지식의 총량이 의미가 없거나(0), 부정적 결과(−)로 도출할 가능성도 존재한다. 수의 합이 0이 되지 않게 합치면, 즉 지식의 방향을 통일(단일 방향성)하고 이를 합친(동질성)다면 특정 세계를 이해하는 지식의 총합을 구할 수 있다.

땅 넓히기 관점은 대상에 관한 이해 확대(확장성)와 생성지식의 동질성을 지향한다. 이 결과는 연구자의 의도와 무관하게 포토보이스에서 자주 일어날 수 있다. 참여자가 찍은 많은 사진에서 가장 중요한 사진 몇 장만을 고를 때 혹은 참여자가 자기 사진에서 가장 중요한 문제를 담화로 설명할 때도 지식의 동질성 현상이 일어난다. 다수 참여자가 다수 사진을 기반으로 다양한 설명을 한다면 이질적이고 특수한 상황이 많이 발생할 수 있다. 하지만 같은 주제 혹은 문제 안에서 소수의 사진을 가지고 담화를 형성한다면, 참여자는 자기에게 가장 시급하고 중요한 사진과 문제를 먼저 말할 가능성이 크다. 그리고 자연스레 이질적이고 특수한 상황, 상반되고 모호한 생각은 참여자와 연구자에 의해 생략·통합·수정될 가능성이 있다.

　다시 낙후 지역의 예로 돌아가자. 지역 교통을 방해하는 고목을 지역 발전의 방해요인으로 지목한 사진과 담화가 존재하지만, 고목을 지역의 상징, 자부심, 보존 가치로 인식하고 있는 사람의 생각, 사진이 포토보이스 안에서 발생할 수도 있다. 이때 연구자는 어떤 지식이 더 가치가 있는지, 어떤 지식이 집단을 더 대표하는지에 관해 판단하기 힘들다. 왜냐하면 가치판단의 문제는 다수결로 정하거나 영향력 있는 소수가 함부로 선택할 영역이 아니기 때문이다. 따라서 연구자가 고목과 관련한 지식을 '고목이 마을에 영향을 준다.' 내지는 '고목이 마을에 긍정적·부정적 영향을 함께 주고 있다.'고 방향성을 제거할 가능성(square or square root)이 크다. 혹은 참여자에게 소수의 사진만을 요구하거나 가장 긴급한 문제 사진에 관해서만 설명을 요구한다면 고목에 관한 이야기를 다르게 수정하거나 심하면 생략할 가능성도 있다. 고목에 관한 문제보다는 참여자가 좁은 길, 늦게 오는 버스, 어두운 골목길과 같은 문제가 더 중요하고 시급하다고 느낄 가능성이 존재한다. 땅 넓히기 관점에서 연구자가 원하는 연구 방향은 새로운 사실을 발견하고 이 발견을 통해 하나의 통일된 생각, 주장, 옹호 그리고 사회변화를 일으키는 데 있다. 이 관점은 얼마나 다양하고 이질적인 생각이 참여자에게 존재하는

가에 가장 큰 연구 초점을 두지 않는다. 대신 어떤 문제가 있고 이 문제를 해결하기 위해 우리 사회가 할 수 있는 일이 무엇인지를 찾고, 개발하고, 시도함이 땅 넓히기 관점의 가장 큰 관심이다.

2) 차이와 반복 관점: 동질성과 이질성

땅 넓히기 관점이 동질성을 기반으로 한 지식 확대에 가장 큰 관심을 기울였다면, 차이와 반복 관점은 땅 넓히기 관점과 다른 방식으로 대상자를 이해하려 한다. 차이와 반복을 단순히 대상 A와 대상 B 간 차이(이질성)로 규정하지 말자. 들뢰즈의 관점을 빌려와 차이를 통한 반복, 반복을 통한 차이로 상황을 재규명할 필요가 있다. 들뢰즈에 따르면 A가 유사하게 변화할 때(A1, A2, ……, An) 공통요소인 A가 반복한다. A가 A1으로 반복될 수 있는 이유는 둘 간에 차이가 발생했기 때문이다. A와 A1이 완벽한 동질성을 가졌다면, 다시 말해 차이가 없다면 이 반복은 의미 없고, 정태적, 수평적, 물질적, 부정적, 빈곤한(외적 반복) 반복일 수밖에 없다. 반면, 지속하는 반복 속에서 차이를 만들어 낸다면, 이 반복은 동태적, 수직적, 정신적, 긍정적, **풍요로운 반복(내적 반복)**이다. 따라서 외적 반복과 내적 반복의 구분은 차이를 만들어 내느냐 못하느냐에 달려 있다 (Deleuze, 2004). 동시에 일상이 반복하는 무의미한 외적 반복과 차이가 있는 내적 반복이 뫼비우스의 띠처럼 반복된다. 이해를 위해 간단한 계차수열을 살펴보자(〈표 7-3〉 참조). 1 수준(인지할 수 있는 표면 수준)에서 수의 배열은 얼핏 보기에 불규칙하거나 점차 증가하는 수열로 보인다. 그 아래 2 수준에서 각 수는 같은 크기로 증가

〈표 7-3〉계차수열을 통한 차이와 반복

1 수준	1		3		6		10		15
2 수준		2		3		4		5	
3 수준			1		1		1		

하며, 3 수준에서 수는 1을 반복한다. 역으로 해석하면 3 수준에서 1의 반복(동질성)은 2 수준에서 차이의 반복을 만들어 내고 1 수준에서 이르면 다양성과 이질성을 형성한다.

이상과 같이 차이와 반복 관점을 기반으로 다시 포토보이스를 바라보자. 만약 포토보이스 연구가 차이와 반복 관점을 기반으로 참여자의 지식을 형성한다면 땅 넓히기 관점과 제법 다른 연구 방향성을 보일 수밖에 없다. 차이와 반복 관점에서 반복 혹은 동질성(〈표 7-3〉의 3 수준)은 의미 있는 차이, 긍정의 차이, **풍요로운** 차이를 만들어 내기 위한 기본 전제일 뿐이다. 이 관점에서 포토보이스 연구는 반복에 기반을 둔 다양한 차이에 초점을 둘 수밖에 없다. 다시 말해, 무질서, 혼동, 이질성, 복잡한 지식 속에서 반복하는 동질성(A)을 확인하려 하거나 의미의 풍요로운 차이에 초점을 둔다. 예를 들어, 낙후 지역주민들이 형성하는 이질적이고 때로는 모순되는 이야기를 통합하기보다는 그 내부에 잠재하고 있는 원형의 반복성(혹은 동질성)을 찾아내고, 반복하는 관념이 형성하는 풍요로운 차이를 찾아내고, 기술하고, 이해하는 노력이 뒤따라야 한다. 앞서 언급했던 고목 이야기로 돌아가자. 고목이 지역 발전에 도움이 되지 않는다는 이야기와 가치 있는 수호목이라는 주장은 얼핏 보기에는 상충하고 모순된다. 하지만 〈표 7-4〉에서 기술하는 바와 같이 1 수준에서 차이는 3 수준에 이르면 같은 기의(지역주민을 위한 선택)로 귀

〈표 7-4〉 차이와 반복 관점을 바탕으로 이야기 해석

1 수준	고목은 교통을 방해하는 흉물이야.	고목은 수호신으로서 우리를 지켜 왔어.
2 수준	지역주민의 교통 복지를 위해 고목이 사라져야 해.	고목은 지역주민의 정신적 안녕을 위해 필요해.
3 수준	지역주민을 위한 선택(개입)	지역주민을 위한 선택(개입)

결한다. 들뢰즈의 주장과 같이 반복(동일성)을 통한 의미 있는 차이와 다양성이 발생한다. 따라서 포토보이스가 차이와 반복 관점을 따른다면, 첫 번째 관점과 같이 참여자가 만들어 형성하는 지식에 **동질성을 강조하거나 방향을 단순화할 필요성이** 사라진다. 오히려 이질적이고, 모순되고, 복잡하고, 혼란스러운 이야기와 지식을 포괄하여 논의한 후, 형성된 지식의 반복(동질성)과 차이(의미 부여)를 도출해야 한다. 포토보이스 참여자가 제시하는 반복의 원형을 발견하고 이를 통해 구현하는 차이의 의미를 해석함으로써 방법론으로서 포토보이스의 가치가 발생한다.

두 관점을 정리하면, 땅 넓히기 관점은 동질성을 바탕으로 참여자가 만들어 내는 다양한 이야기, 지식, 욕구를 탐색(다양성과 이질성)하고 이해하려고 시도한다. 참여자 동질성을 연구 전반에 고정하고 다양한 지식을 수집 · 생성하면서 지식 확대와 대상자 옹호를 목표한다. 반면, 차이와 반복의 관점은 참여자가 만들어 내는 다양한 지식(이질성)을 기반으로 지식이 형성하게 된 원리인 반복(동질성)의 원인을 찾아낸다. 그리고 대상자가 경험하는 차이와 반복 혹은 이질성과 동질성 간 관계를 이해 · 해석함으로써 지식의 확대, 대상자에 대한 이해와 옹호를 추구한다. 우리가 두 가지 관점을 논의한 이유는 어떤 관점을 더 지향해야 하거나, 한 관점이 다른 관점보다 우위를 가짐을 주장함이 아니다. 참여자의 생각이 다양하듯 연구자가 선택할 수 있는 연구 방향도 다양할 수 있음을 주장함이다. 포토보이스 연구를 진행하는 과정에서 연구자는 돌발상황, 의외 사건, 참여자 간 상호관계, 이질적 사진 해석과 같은 다양한 상황을 접할 수 있다. 동질성 관점에서 보면 모순되고 이질성 높은 담화나 상반된 견해와 사진은 지식형성을 방해하는 장애물이다. 하지만 다채로운 사진 그리고 모순된 사진 해석과 담화를 통해 연구자는 참여자가 처한 상황과 문제를 더 풍부하게 이해할 수도 있다.

우리가 포토보이스 지식을 도출하는 두 가지 관점을 함께 논의한 이유도 바로 여기에 있다. 다양한 관점과 이질성이 도출하는 현실에서 지식의 동질성만을 추구하기보다는 다양한 상황과 모순 관계, 의외성에 대한 이해와 논의를 진행할 필요가 있다. 이 노력을 통해 참여자를 더 깊이 이해한다면 우리가 바라는 사회변화에 한발 더 가까이 다가갈 수 있으리라 생각한다.

제**8**장

포토보이스 활용

주제: A 지역에 거주하는 빈곤 아동의 지역사회에 대한 인식

대상: A 지역에 거주하는 빈곤 아동 12명

기간: 2021년 6월 1일~2021년 7월 17일(총 7주)

시간: 오후 2시~오후 4시

회기: 6회기(1주당 1회기)+발표 1회

장소: A 종합사회복지관 내 아동 방과 후 프로그램실

진행: 사회복지학 교수 1인+사회복지학 석사과정 학생 3명(진행 보조)

주 차별 진행계획

1주 차: 소개 및 교육(포토보이스 안내 등), 주제 선정

2주 차: 주제1 사진 공유 및 토론

3주 차: 주제2 사진 공유 및 토론

4주 차: 주제3 사진 공유 및 토론

5주 차: 주제4 사진 공유 및 토론

6주 차: 주제5 사진 공유 및 토론

7주 차: 발표회(A 종합사회복지관 대강당)

1. 파악단계

첫 번째 단계는 파악(identification)이다. 프로그램을 진행할 A 지역은 B 광역시 내 소득수준이 가장 낮은 지역이며 노인 인구 비중이 가장 높은 지역이다. A 지역 내에는 공장이 밀집해 있으며, 아파트보다는 주택이 많다. 또한 산 중턱에 위치해 있어 교통 접근성이 낮고 대다수 주택은 경사진 곳에 있다. 100여 년의 전통을 가진 초등학교가 1개교 있으며, 이 지역 내에 중·고등학교는 없다.

연구자는 프로그램을 실시하기 전 A 지역을 보다 정확하게 파악하기 위하여 지역 내 종합사회복지관을 방문하였다. 복지관 내 지역 프로그램 담당자를 통해 지역사회에 대한 정보를 얻을 수 있었다. A 지역 내 종합사회복지관은 노인 대상 프로그램이 주를 이루고 있었으며, 아동 대상 프로그램은 방과 후 교실 프로그램만 제공되고 있었다. 특히 A 지역 내 거주 아동은 대부분 기초생활수급자 또는 차상위계층에 속하는 가정의 아동이며, 대부분 맞벌이 가정의 아동이었다. 학원과 같은 교외 활동은 많이 하지 않고 있었으며, 대부분 복지관에서 제공되는 프로그램만 참여하고 있었다.

지역사회 내 대부분이 노인이라는 점을 고려할 때, 이 지역사회 내 아동은 다른 지역에 비해 소수이며, 이로 인해 지역사회에서 생활하는 데 여러 가지 어려움을 경험할 것이라 예상되었다. 이러한 지역사회 내 상황을 고려하여 A 지역 내에 거주하고 있는 아동이 지역사회 내에서 어떤 생각을 하고 있는지, 지역사회에 대해 느끼는 좋은 점과 나쁜 점은 무엇인지를 파악하고자 포토보이스 연구방법을 활용하였다. 이 프로그램을 통해서 A 지역 내 빈곤 아동[1]들이 인식하는 지역사회라는 주제를 탐색하고자 하였고, 이를 바탕으로 지역사회 내 빈곤 아동에게 친화적인 환경을 조성하는 방안을 모색하고자 하였다. 본격적으로 연구를 시작하기 전 연구자는 기관생명윤리위원회(IRB)의 승인을 얻기 위한 절차를 진행하였다.

---

1) 집단 내 동질성, 이질성 관련 문제는 발생할 수밖에 없다. 동질적인 집단이라도 이질적인 경험을 가질 수 있으며, 이질적인 집단이라도 동질적인 경험을 가질 수 있다. 이때 동질성은 같은 경험을 공유하는 집단을 의미하며, 완전히 같은 성격을 가진 집단을 의미하지는 않는다.

특히 이 프로그램 참여자들은 미성년자로서 부모 또는 법정 후견인의 동의를 필요로 하였고, 이에 따라 연구자는 필요한 동의서를 준비한 후 동의를 획득하였다.

프로그램을 시작하기에 앞서, 문제 파악과 함께 이 프로그램을 통하여 도출된 결과를 활용하고 확산하는 방안에 대해서도 고민할 필요가 있었다. 연구자는 A 지역 내 아동들과 함께 진행한 프로그램의 결과를 지역사회 내 누구와 공유하는 것이 효과적일지에 대해 고민하였다. A 종합사회복지관 관장, 프로그램 담당자 등과 논의하여 다양한 대상을 먼저 파악해 둔 후 본격적으로 프로그램을 시작하였다.

2. 모집단계

두 번째 단계는 모집(invitation)이다. 연구참여자를 모집하기 위하여 지역사회 내 복지관의 협조를 받았다. 구체적인 연구참여자의 선정기준을 먼저 정한 후 이를 복지관 내 아동프로그램 담당자에게 전달하였다.[2]

---

2) 신체적 기능보다 더 중요하게 고려되어야 하는 것은 인지적 기능이다. 신체적 기능의 제약은 대리인을 통해 일정 정도 극복이 가능(예: 린다 이야기)하다. 그러나 인지적 제약이 있는 대상자는 사진을 찍는 활동, 사진에 대해 서술하는 활동 등의 참여가 어려울 수밖에 없다.

선정기준 1. A 지역사회 내 거주 아동
선정기준 2. A 종합사회복지관 내 아동프로그램(OOO교실) 참여 아동
선정기준 3. 기초생활수급자 및 차상위계층에 속하는 가정의 아동
선정기준 4. 연구 참여에 보호자가 동의한 아동

연구자는 복지관 아동프로그램 담당자가 아동에게 프로그램에 대해 알리고 참여를 독려할 때 활용할 수 있는 전단을 제작하여 함께 전달하였다. 전단에는 프로그램의 제목과 목적, 내용, 시간 및 장소, 담당자, 소속기관을 명시하였다. 또한 프로그램 참여에 대한 보상에 관해서도 분명히 전달하고자 하였는데, 이 프로그램에 5회 참여한 아동에게는 1만 원 상당의 상품권을 지급하였다. 또한 회기마다 사진을 촬영해 온 아동에서 스티커를 지급하였고, 프로그램이 끝날 때에 각 아동이 획득한 스티커 개수에 따라 일정 금액 이하의 선물을 제공하였다. 왜냐하면 아동의 경우에는 즉각적인 보상이 제공될 수 있도록 설계하는 것이 필요하기 때문이다. 복지관 내 아동프로그램에 참여하고 있는 아동은 총 12명이었으며, 초등학교 1학년부터 중학교 2학년까지 구성되어 있었다. 프로그램 내 원활한 상호작용을 위하여 학년에 따라 3개의 소집단을 형성하였다. 각 소집단에는 4명의 참여자와 진행 보조를 위한 석사과정생 1명이 함께 참여하였다.

3. 교육단계

　세 번째 단계는 교육(education)이다. 본격적인 포토보이스 프로그램을 진행하기에 앞서 첫 번째 회기에서 연구자는 참여자 대상 교육을 진행하였다. 구체적으로 포토보이스 연구의 진행방법, 연구 참여에 수반하는 내용, 진행 절차, 수행하는 이유, 예상되는 결과 등에 대해 전달하였다. 먼저, 연구자는 연구참여자가 총 5회기 동안 진행되는 사진 촬영 및 집단 토론에 참여를 원하는지 확인하고 그에 대한 동의를 얻고자 하였다. 이후 연구자는 참여자가 가지고 있는 휴대전화를 통해 매주 정해지는 주제에 대해 사진을 촬영해야 함을 안내하였다. 사진을 촬영할 때에는 타인의 얼굴 등이 노출되지 않도록 촬영할 것을 요구하였으며, 초상권에 대한 기본적인 내용을 인지할 수 있도록 안내하였다. 또한 이후 촬영한 사진이 발표회를 비롯하여 다양한 경로를 통해 소개될 가능성이 있음을 전달한 후, 개인의 얼굴이나 가족 또는 친구의 얼굴이 촬영되지 않도록 주의해 줄 것을 안내하였다. 매주 정해지는 주제에 대해 자유롭게 사진을 찍되, 찍는 사진에 대해서는 분명하고 구체적인 생각을 가지고 주제와 관련한 사진을 촬영해야 함도 알려 주었다. 예를 들어, 친구라는 주제를 가지고 사진을 촬영하는 경우, 참여자가 친구라는 단어를 떠올릴 때 생각나는 장면이나 모습 등을 사진에 담아 와야 한다고 안내하였다. 촬영하는 사진 매수는 특별히 제한을 두지 않았다.

　이후 연구자는 참여자에게 자유로이 질문할 기회를 제공하였고, 참여자는 궁금한 점 등에 대해서 연구자에게 자유롭게 질문하였다. 앞서 배포한 책자에 연구자의 연락처를 포함하여, 필요한 경우 참여자가 연구자에게 연구와 관련한 질문을 자유롭게 할 수 있도록 안내하였다. 이 연구는 4명씩 총 3개의 소집단을 구성하였다. 비록 4명으로 구성된 소집단이지만, 초등학교 저학년의 경우 집단 내 토의가 원활하게 이뤄지지 않을 가능성이 존재하였다. 이를 고려하여 각 소집단에 대학생 멘토 1인을 지정하였다. 연구자는 참여자가 이 연구의 주인공이며, 연구 내용은 참여자의 활동을 중심으로 이루어짐을 계속해서 강조하였다. 이처럼 현재 이루어지고 있는 프로그램은 '연구'가 아닌 참여자의 의견과 생각을 알고 더 나은 지역사회를 만들고자 하는 노력임을 계속 강조하였다.

4. 기록단계

네 번째 단계는 기록(documentation)이다. 이 단계에서 참여자는 사진을 찍음으로써 '기록' 활동에 참여한다. 이 프로그램의 주제는 A 지역에 거주하는 빈곤 아동의 지역사회에 대한 인식이다. 비록 이 프로그램의 목적으로서 큰 주제는 연구자가 설정하였으나 구체적인 하위주제는 참여자와 함께 논의하는 과정을 통해 정했다. 총 5회기 동안 진행되는 주 차별 주제를 참여자와 연구자가 함께 선정하였다.

참여자는 이후 선정한 주 차별 주제에 대해 사진을 찍었다. 그러나 참여자가 초등학생 또는 중학생이라는 점을 고려할 때 참여자가 주 차별 주제에 맞는 사진을 촬영하기 위해서는 분명한 프롬프트(prompt, 단서)를 제시해 줄 필요가 있었다. 프롬프트를 통해서 연구자는 참여자가 촬영해야 하는 대상에 관한 질문 또는 각본을 제공할 수 있었다. 프롬프트는 질문(예: "무엇을 배우는 게 가장 좋습니까?"), 지시형 명령문(예: "여러분이 가장 잘 학습하는 방법을 설명하시오."), 빈칸 채우기 명령문(예: "학교에서 일상적으로 보내는 하루는 [ ]?") 등의 형태를 가진다.

이 프로그램에서 연구자가 주 차별 주제에 맞추어 활용한 프롬프트는 다음과 같다(〈표 8-1〉 참조).

〈표 8-1〉 주 차별 프롬프트

주차	주제	프롬프트
1주 차	우리 동네의 좋은 점	빈칸 채우기 명령문: "우리 동네에서 내가 제일 좋아하는 장소/활동은 [ ]"
2주 차	우리 동네의 안 좋은 점	질문: "우리 동네에서 내가 제일 싫어하는 장소/활동은 무엇입니까?"
3주 차	우리 동네의 재밌는 점	빈칸 채우기 명령문: "우리 동네 제일 재밌는 활동은 [ ]"
4주 차	우리 동네에서 하고 싶은 것	지시형 명령문: "여러분이 우리 동네에서 제일 하고 싶은 일에 대해 설명하시오."
5주 차	우리 동네에 있으면 좋겠는 것	빈칸 채우기 명령문: "우리 동네에 [ ]이/가 생기면 좋을 것 같다."

이처럼 연구자는 주차별 주제에 따라 적절한 프롬프트를 형성하였다. 이후 연구자는 매주 참여자가 주제에 맞는 사진을 자유롭게 찍도록 안내하였다. 5명 이하의 소규모 집단인 경우에는 단체 채팅방[3]을 개설하여 지속해서 참여자들의 사진 촬영 활동을 모니터링해 주었다. 5명 이상이면 필요에 따라 몇 개의 소그룹으로 나누어 참여자들이 활동에 소속감과 책임감을 느끼고 사진 촬영을 매주 진행할 수 있도록 독려할 필요가 있었다.

참여자는 사진 촬영을 위해 카메라, 디지털카메라, 휴대전화(예: 스마트폰 등) 등 다양한 기기를 활용하였다. 그리고 연구자는 참여자의 환경을 확인하고 필요한 경우 사진 촬영이 가능한 환경을 조성하거나 제공해야 했다. 예를 들어, 이 연구참여자 대부분은 학교를 마치고 복지관으로 오기 때문에 이들의 생활환경은 대부분 비슷하였다. 그리고 이들은 특별히 사진을 찍을 곳이 없다고 생각하고 사진을 찍는 활동을 매우 부담스러워하였다. 따라서 특별한 장소나 구체적인 대상이 아니라 주 차별 주제에 대해서 자신의 생각을 가장 잘 표현해 주는 사물, 대상, 그림 등도 다양하게 촬영할 수 있음을 안내하였다.

한편, 최근에는 대부분 스마트폰을 사용하기 때문에 디지털카메라가 아닌 스마트폰으로 포토보이스 연구에 참여하는 경우가 많다. 그러나 경우에 따라서는 디지털카메라만을 사용해야 할 때도

---

3) 단체 채팅방 개설 시 얻을 수 있는 효과로는 크게, ① 정보 교류, ② 참여자 간 상호작용 증대, ③ 연구자와의 소통 증대가 있다. 정보 교류를 통해 참여자들은 이 활동을 올바른 방향으로 적절하게 수정해 나갈 수 있다. 참여자 간의 사진 공유과정을 통해 상호작용 증대뿐 아니라 사진의 양과 질 향상을 기대할 수 있다. 또한 연구자와의 소통 증대는 연구, 연구자라고 하는 심리적 거리감 감소에 효과적이다.

있다. 예를 들어, 집단 내에서 휴대전화 사용이 어려운 경우 또는 참여자 다수가 스마트폰을 가지고 있지 않은 경우에는 연구자가 참여자에게 사진 촬영이 가능한 기기를 제공할 필요가 있다. 한편, 스마트폰을 사용해서 사진 촬영이 가능한 경우에는 참여자가 개인 휴대전화를 통해 자유롭게 사진을 찍을 수 있도록 안내하면 된다.

5. 서술단계

다섯 번째 단계는 서술(narration)이다. 서술은 참여자가 직접 촬영한 사진(이미지)을 주제로 토론하며 사진에 의미를 부여하거나 해석하는 작업이다(Wang, 1999).

이때 참여자가 직접 촬영한 사진에 대한 해석을 연구자가 아닌 참여자가 한다는 점이 중요하다(Latz, 2017). 또한 이 단계에서 연구자와 참여자는 참여자가 촬영한 많은 사진 중에서 포토보이스 연구에 포함시킬 사진을 선택한다.[4] 디지털카메라 또는 휴대전화로 여러 사진을 촬영해 왔음을 전제로 연구자는 많은 사진 중 포토보이스 연구에 포함할 사진을 선택해야 한다. 연구자가 일방적으로 선택하는 것이 아니라 회기를 시작하기 전 연구자(또는 보조 연구자)와 함께 찍은 사진을 검토하며 각 사진에 대해 살펴보고, 해당

---

4) 일반 질적 연구와 동일하게 수집한 질적 자료(사진)를 모두 다 활용할 필요는 없다. 그 이유로는, 첫째, 중요한 의미를 가진 자료라고 하더라도 연구, 공론화 등의 진행에 현실적 제약이 존재하기 때문이다. 둘째, 참여자가 사진 촬영 시 어떠한 의미도 없이 단순히 사진 매수를 맞추기 위해(활동 조건을 맞추기 위해) 촬영한 경우에는 이를 자료로 활용할 필요가 없다.

주 차의 주제와 가장 관련이 있으며 또 참여자가 이야기하는 사진을 선택할 수 있도록 해야 한다. 이때 선택하는 사진의 매수는 정해져 있지 않다. 집단의 크기 등 여러 상황적 조건을 다양하게 고려하여 연구자가 정한 후 진행할 수 있다.

이후 서술과정을 통해 연구자가 참여자에게 질문을 던짐으로써 참여자가 찍은 세상은 좁혀진다. 서술에서 활용하는 방법은 사진-유도 연구, 집단 및 개인 면담, 글쓰기, 제목·자막 달기, 정책 포스터 만들기 등이다. 사진-유도 연구는 참여자의 서술을 위해 참여자가 찍은 사진에 대해 논의하는 방법을 의미하며, 집단 및 개인 면담을 활용하여 사진에 대한 논의를 진행할 수 있다. 그 밖에도 참여자의 특성을 고려하여 스토리텔링, 사진의 의미를 글로 쓰는 글쓰기, 사진에 제목·자막을 다는 방법, 표제 작성 등을 활용할 수 있다. 지역사회에 필요한 정책을 제안하기 위해 참여자는 종종 포토보이스 결과를 핵심 메시지(예: 표어, 이미지)로 변형한 후, 정책 포스터로 만들 수도 있다.

면담을 통해 연구자가 사용할 수 있는 대표적인 질문 기법으로는 SHOWeD(Shaffer, 1985)와 PHOTO(Hussey, 2006)가 있다. SHOWeD 기법은, '(a) 이 사진에서 무엇이 보이나요?, (b) 이 사진에서 무슨 일이 있었나요?, (c) 이 사진이 삶과 어떤 관련이 있나요?, (d) 왜 이런 일들이 생길까요?, (e) 새로운 이해를 통해 어떤 사회적 역량을 기를 수 있을까요?, (f) 우리는 무엇을 할 수 있을까요?' 질문을 활용한다. PHOTO 기법은, '(a) 이 사진을 설명해 보세요, (b) 사진에서 무슨 일이 있었나요?, (c) 왜 이 사진을 찍었나요?, (d) 이 사진이 당신의 삶에 대해 무엇을 말해 주나요?, (e) 우리 문제와 관련된 이 사진이 어떻게 삶을 개선하는 기회를 제공할 수 있을까요?' 질문을 활용한다.

사진은 그 자체로 자료가 되지는 않는다. 연구자는 참여자가 사진에 관해 서술할 수 있는 상황을 만들고, 참여자는 촬영한 사진에 대해서 서술하며 사건에 대해 의미를 부여하고 사진을 해석한다. 그리고 연구자는 참여자의 사진 자체를 해석하는 것이 아닌 사진에 대해 참여자가 서술한 것을 해석하게 된다. 즉, SHOWeD와 같은 질문 기법은 양적 연구에서의 척도 같은 개념이 아니다. 양적 연구에서 척도는 신뢰도, 타당도 확보를 위해 주어진 것을 모두 다 사용해야만 하지만, 포토보이스에서는 그렇지 않다. 연구자는 이러한 질문 기법을 하나의 도구로써 활용하되 탄력적이고 유연하게 사용할 수 있다.

이 프로그램에서 2주 차 주제는 '우리 동네의 안 좋은 점'이었고, 참여자는 이 주제에 맞추어 사진을 찍어 왔다. 참여자는 사진에 대해 '어두운 우리 동네'라고 제목을 붙였다. 연구자는 SHOWeD 질문을 활용하되 참여자의 나이와 의사소통 수준을 고려하여 이를 적절하게 수정하여 활용하였다. '(a) 이 사진에서 보이는 것은 무엇인가요?, (b) 이 사진에서 일어난 일 또는 일어날 수 있는 일은 무엇인가요?, (c) 이 사진이 ○○이의 생활에 어떻게 영향을 끼치나요?/이 사진을 ○○가 동네의 안 좋은 점으로 찍은 이유는 무엇인가요?, (d) ○○가 찍은 사진처럼 우리 동네 골목은 왜 이렇게 어두울까요? 우리 동네 모습은 왜 이러한가요?, (e) 더 살기 좋은 동네를 만들기 위해 우리는 무엇을 할 수 있을까요?' 등의 질문을 활용할 수 있다. 이러한 질문을 활용하는 이유는 질문에 대한 답을 정확하게 얻어

내기 위함이 아니다. 오히려 참여자의 눈으로 찍은 사진을 참여자의 입을 통해 이야기(서술)하게 함으로써 참여자의 관점에서 사진을 이해하고자 하는 목적을 가진다.

6. 관념화단계

여섯 번째 단계는 관념화(ideation)이다. 관념화단계에서는 이전 단계에서 수집한 자료를 분석한다(Latz, 2017). 질적 연구의 자료분석단계와 같다. 이 단계에서는 사진에 대한 분석, 사진과 서술에 대한 분석, 서술에 대한 분석 등 다양한 형태의 분석이 이뤄질 수 있다. 단, 포토보이스가 사진을 통해 참여자의 의견을 끌어내고자 했다는 점을 고려할 때 단순히 서술에 대한 분석만을 진행하기보다는 사진과 함께 참여자의 서술을 분석함이 더 적절하다. 또한 포토보이스에서의 자료 분석은 크게 두 가지 목적을 가진다(Latz, 2017). 먼저, 참여적 행동연구로서 포토보이스가 '행동'을 끌어낼 수 있게 해 준다. 다음으로 자료 분석을 통해 어떠한 현상에 대한 이해와 주장을 증거와 함께 제시함으로써 지식을 확장할 수 있다.

질적 연구이자 참여적 행동연구로서 포토보이스는 질적 연구에서 활용되는 다양한 방법(주제분석, 근거이론)을 통해 자료를 분석할 수 있다. 참여적 행동을 이끌어 내는 목적이 강할 경우에는 참여자가 촬영한 사진에 대한 이들의 서술을 바탕으로 맥락화를 진행하고, 이후 서술된 내용에 공통으로 나타나는 주제 등을 찾아서 이를 코드화시켜 정리하는 것이 효과적이다. 한편, 지식 창출을 강조하는 경우에는 단순히 주제를 제시하는 수준을 넘어 구성주의를 기반으로 구체적인 이론을 도출할 수 있다. 예를 들어, 근거이론에 따라 개방코딩, 축코딩을 실시하고 이후 이론을 도출한 후 이를 참여자의 사진과 함께 분석하고 조직화할 수 있다.

　이러한 목적과 동시에 포토보이스 자료 분석은 두 가지 방식으로 이뤄질 수 있다. 제7장의 '포토보이스 해석에서 두 가지 관점'에서 언급한 내용을 요약하면, 포토보이스는 대상에 대한 이해 확대(확장성)와 생성지식의 동질성을 지향하는 '땅 넓히기 관점' 또는 이질적이고, 모순되고, 복잡하고, 혼란스러운 이야기와 지식을 포괄하여 논의한 후, 형성된 지식의 반복(동질성)과 차이(의미 부여)를 지향하는 '차이와 반복 관점'을 취할 수 있다.

　이 연구는 지역사회에 대한 빈곤 아동의 인식을 파악하고, 이를 바탕으로 지역사회의 변화를 끌어내기 위한 '행동 변화'를 목적으로 진행되었다. 한편, 지리적 범위를 정해서 특정 지역에 대한 이해를 높이고자 했기에 참여자가 촬영하는 사진에는 큰 차이(이질성)가 존재하지 않았다. 때문에 '땅 넓히기 관점'뿐 아니라 '차이와 반복 관점'도 함께 적용될 수 있었다. 구체적으로 이 프로그램은 특정한 사진(현상)에 대해 참여자가 의견을 제시하고 이에 대해 다른 참여자들의 의견을 덧붙여 나가는 방식으로 진행하였다. 예를 들어, 오래된 학교 사진을 제시하고 학생들은 "오래된 학교가 있어서 좋아요." "역사적으로 의미 있는 건물이라 좋아요." "우리 동네를 지켜주는 수호신 같아요."와 같은 이야기를 하였다. 이를 바탕으로 '학교'에 대한 이해를 넓힐 수 있었다. 동시에 '동네 벽화가 그려진 어두운 골목' 사진에 대해 어떤 참여자는 "벽화와 같은 예쁜 그림이 있어서

동네가 더 예뻐졌어요."와 같은 이야기를 하였지만, 다른 참여자는
"너무 어두워서 무서워요." "저 벽화도 귀신 나올 것 같이 무섭게 생
겼어요."와 같이 다른 반응을 보였다. 이러한 이질적인 반응을 종합
하여 분석함으로써 연구자는 참여자들이 주거지의 안전과 환경에
대해 동질적인 관심을 가지고 있음을 확인할 수 있었다.

7. 발표단계

일곱 번째 단계는 발표(presentation)이다. 이 연구의 발표자는 참
여자들이 프로그램을 진행한 A 종합사회복지관 대강당에서 진행
되었다. 우선, 참여자들이 찍은 사진과 서술 중에서 참여자들이 전
달하고 싶은 서술을 일부 발췌하여 사진과 함께 이젤에 각각 전시
하였다. 그리고 이와 함께 참여자들의 동의를 얻어 참여자들의 사
진과 생각을 인터뷰한 후 10분 내외의 동영상으로 제작하였다. 이
후 A 종합사회복지관 아동프로그램 담당자와 참여 아동들의 의견
을 함께 고려하여 발표회에 초대하고 싶은 지역사회 내 다양한 대
상을 선정하였다. 학교 교사, 경찰, 구의원, 구청장, 복지관장, 소방
관, 슈퍼 주인, 택시 기사 등 다양한 대상이 언급되었고, 연구자는
언급된 대상자 중에서 발표회 참여가 가능한 이들을 초청하였다.
발표회 당일, 연구자는 사진을 모두 전시하고 아동들이 자신이
촬영한 사진 옆에서 참석자들에게 사진을 직접 설명할 기회를 제
공하였다. 이후 30분 정도의 사진 관람이 끝나고, 연구자는 참여자
소개, 프로그램 소개, 발표회의 목적 등을 간단히 설명한 후 촬영한

영상을 재생하였다. 이후 이 프로그램에 참여한 아동들의 소감을 자유롭게 공유하였다.

이러한 발표단계는 기존 질적 연구가 수행하지 않았던 포토보이스만의 독특함이다. 옹호 또는 혁신을 강조하는 포토보이스는 사회에서 배제되고 소외된 주변인을 끌어내어 이들이 사회로 진입할 수 있는 통로를 제공하고자 하는데, 그 통로가 바로 발표이다. 포토보이스 연구에서 이루어지는 발표는 주로 전시 형태를 띠는데(Latz, 2018), 포스터, 안내 책자, 웹사이트, 디지털 스토리, 박물관 전시 등 다양한 형태로 이뤄진다. 발표 참석자는 사진을 통해 연구참여자(혹은 사진)로부터 강한 감정을 느끼게 된다. 동시에 참여자는 공동체 내 주요 의사결정권자 및 공동체에 변화를 줄 수 있는 구성원(예: 정책결정자)과 상호교류할 기회를 얻게 된다. 동시에 참석자는 연구참여자에게 사진이 가지는 구체적인 의미를 다시 물어보고, 참여자는 사진에 대해 다시 서술함으로써 자신이 전달하고자 한 의미를 발표회에서 확인하고 전달하는 과정을 가질 수 있다.

8. 확증단계

여덟 번째 단계는 확증(confirmation)이다. 확증단계에서 포토보이스 연구자는 '참석자들이 발표를 어떻게 받아들였는지' '전달하고자 하는 메시지가 분명히 전달되었는지' '어떠한 인식을 하였는지' 등과 같이 발표에 참석한 사람의 경험·감정·인지를 확인한다.

이 연구에서도 발표회에 참여한 지역구 의원은 평소 다양한 지역사회 내 의견을 수렴하려고 노력하였으나 아동들의 목소리를 듣고 이에 대해 고민하고자 하는 생각은 미처 하지 못했다고 하였다. 그러면서 아동들이 촬영한 사진을 통해 지역사회의 발전을 위해 해야 할 일을 다시금 생각해 볼 기회를 얻게 되었다고 하였다. 그 결과, 참여자들이 찍은 사진이 전하고자 한 내용 중 일부는 발표회에 참여한 지역사회 내 이해관계자들을 통해 변화와 개선을 약속받기도 하였다. 이처럼 발표단계에 이어 확증단계에서 연구자는 일방적으로 연구결과를 전달하는 것이 아닌, 참여자들과 함께 서로 소통하고 의견을 공유할 수 있는 기회를 만들 수 있다. 예를 들어, 아동이 지적한 문제에 대해 지역사회 내 경찰은 순찰을 강화하여 아동들의 안전에 더욱 관심을 기울일 것을 약속하였다. 오래된 학교를 지역사회의 자랑으로 여기는 학생들의 사진에 학교 교사는 깊은 공감을 표하며, 학교가 지역사회의 전통과 유산으로서 그 역할을 충분히 수행해 낼 수 있도록 지원할 것을 약속하였다. 한편, 참여 아동들은 본인들이 촬영한 사진을 단순히 집단 내에서 공유하는 수준을 넘어 지역사회의 다양한 이해관계자나 의사결정권자와 공유하고 이것이 지역사회에 영향을 끼칠 수 있다는 점에 대해 큰 자부심을 느끼고 있었다.

나아가 연구자는 '포토보이스 연구를 통해 참여자를 위한 정책이 마련되었거나 변화되었는지' '포토보이스 연구결과를 지속하고 확산할 방법은 무엇인지' 등에 대해 고민하고 이에 대한 답을 제시하고자 노력한다(Latz, 2017). 이 연구에서도 연구자는 도출된 연구결과를 종합하여 지역사회 내 관계기관(구청, 주민센터, 경찰서 등)에 공문을 발송하여 의견 반영을 요청하였다. 또한 종합사회복지

관과 이후에도 이러한 활동들을 지속시켜 나갈 것을 약속하고, 이
를 통해 아동들이 살기 좋은 지역사회를 만드는 데 이바지하고자
하였다.

제**9**장

질적 분석 프로그램을
활용한 포토보이스

1. NVivo를 활용한 포토보이스 자료 분석

1) 포토보이스와 질적 자료: 사진과 담화

일반적으로 질적 연구자료는 단어(words)로 구성한 문서자료이다(Hennink, Hunter, & Bailey, 2011). 연구자는 면접 자료, 기록 문서(archival documents), 매체(media), 관찰(observation) 등을 통해 획득한 비수치자료(non-numeric data)를 이용한다. 그러나 기존의 상당수 질적 연구는 이미지, 오디오, 비디오 같은 시각·청각 자료보다는 '습관적으로' 문서 자료만을 이용해 왔다. 이와 다르게 포토보이스는 참여자가 생성한 자료(participant-generated documents & media), 즉 사진과 그에 대한 참여자의 담화(narrative)를 모두 활용하는 방법과 전략을 사용한다. 연구자는 사진을 기본 분석자료(예: 주제 도출)로 사용하고 이를 지지하는 형태로 담화를 사용할 수 있으며, 그 반대도 가능하다. 혹은 사진과 담화를 비슷한 비율(예: 담화와 사진에서 같은 주제 찾기)로 활용할 수도 있다. 그러나 현실에서 사진과 담화의 활용 비율에 대한 정확한 기준을 정하기는 너무 어려운데, 연구 질문이나 연구환경에 따라서 달라지기 때문이다. 또한 잭슨과 베이즐리(Jackson & Bazeley, 2019)는, ① 주 연구 질문과 자료 간 관련성, ② 특정 이미지를 면밀히 분석해야 하는 필요성, ③ 연구자 개인의 선호와 스타일, ④ 다루는 자료량에 따라 포토보이스 분석 방법이 결정된다고 보았다.

이 장에서는 포토보이스 연구가 사진과 담화를 분석하는 모든 경우의 수를 다 살펴보지는 않았다. 대신 기존 질적 연구와 달리 포토보이스 연구가 사진을 주 연구 자료로 사용한다는 점에서 분석과정에서의 사진 활용법을 간략하게 제시하였다. 구체적으로 질적 자료 분석프로그램인 NVivo를 활용하여 연구자가 포토보이스를 통해 수집한 사진과 담화를 분석하는 방법에 대한 예를 제시하였다.

먼저, NVivo를 사용하여 사진을 활용하는 방법으로는, ① 하이퍼링크 사용하기, ② 텍스트 파일에 이미지 삽입하기, ③ 이미지를 독립 실행형 파일로 가져오기가 있다(Jackson & Bazeley, 2019). 첫째, 하이퍼링크를 사용하는 경우 분석하고자 하는 파일 내 특정 위치에 외부에 존재하는 항목을 직접 연결할 수 있다. 또는 하이퍼링크를 사용하여 프로젝트에 대한 감사 추적(audit trail)이 가능한데, 자문 회의 기록, 동료 이메일 및 분석 과정에 영향을 미치는 기타 자료원(resource)을 연결할 수 있다. 둘째, 단순하게 워드 문서에 묘사(illustration)를 목적으로 사진을 삽입한 후 NVivo로 가져올 수 있다. 셋째, 이미지를 독립 실행형 파일(a standalone file)로 가져오는 방법이 있는데, 이는 이미지의 픽셀 영역뿐만 아니라 로그에 관련 텍스트를 기록하고 코드화할 수 있다는 장점이 있다.

이러한 NVivo 내 사진 활용법을 가지고 이 장에서는 사진 자료 분석을 위한 세 가지 경우를 제시하였다([그림 9-1] 참조). 첫째는 사진과 담화에서 공통으로 드러나는 주제를 도출하는 경우[그림 9-1-1]이며, 둘째는 한 장의 사진에서 하나 혹은 하나 이상의 주제(theme)를 도출하는 경우[그림 9-1-2], 셋째는 여러 장의 사진에서 공통되는 주제를 도출하는 경우[그림 9-1-3]이다. 이 장은 포토보이스에서 사진 활용 시 발생할 수 있는 연구 상황의 예를 세 가지 경

그림 9-1-1	사진과 담화에서 공통 주제 도출	
그림 9-1-2	한 장의 사진에서 주제 도출	
그림 9-1-3	여러 장의 사진에서 공통 주제 도출	

■ **그림 9-1** ■ 포토보이스 사진 자료 분석을 위한 세 가지 경우

우로 구분하여 제시하였다.

2) 자료 분석을 통한 지식 도출

이 장은 NVivo를 활용해 질적 자료(사진과 담화)에서 주제 (theme)와 지식을 도출하는 예를 제공하는 것이 목적이다. 포토보이스는 기존 질적 연구와 같이 담화에만 초점을 두기보다 사진 자료를 담화와 함께 사용하거나 사진에 더 초점을 두고 연구를 진행할 수 있다. 따라서 사진과 담화 간 관계에 기반하여 연구자는 다양하고 복잡한 연구방법을 도출할 수 있다. 예를 들어, 담화를 위주로 자료를 분석하고 사진을 담화의 보조 자료로 활용할 수 있다. 혹은 사진에 초점을 두고 담화를 보조 자료로 활용하는 방법도 가능하다. 이 장에서 우리는 포토보이스에서 활용할 수 있는 다양한 자료 분석방법을 모두 제시하고 상세히 분석하는 데 초점을 두지 않는

다. 그것은 이 책이 가지는 연구목적과 방향을 벗어난다('나가는 글' 참조). 다만, 여기서 우리는 실제 사례를 통한 자료 분석을 통해 자료로부터 지식을 도출하는 과정과 결과를 제시하고자 하였다.

(1) 사진과 담화를 활용한 주제 도출

사례 1

연구 주제: A 지역에 거주하는 빈곤 아동이 인식하는 우리 동네의 안 좋은 점

기간: 2021년 6월 1일~2021년 6월 30일(총 4주)

시간: 오후 4시~오후 6시

회기: 4회기(1주당 1회기)

장소: A 종합사회복지관 내 아동 방과 후 프로그램실

참여자: A 지역에 거주하는 빈곤 아동 5명

진행: 사회복지학 교수 1인, 사회복지학 석사과정 학생 2인(연구 보조)

상황:

1) 2주 차에 촬영하는 사진 주제는 '우리 동네의 안 좋은 점'이고, 이에 대해 5명의 참여자는 여러 장의 사진을 촬영해 왔음. 최소 1장부터 최대 5장까지 촬영해 옴.

2) 시간적 제약으로 인해 연구자는 참여자에게 가장 이야기하고 싶은 사진 1장만을 선택해 줄 것을 요청하였음. 이 과정에서 연구 보조원 2명이 참여자의 사진 선정 과정을 지원하였음.

3) 사진을 촬영한 참여자가 사진에 관해 이야기할 때 다른 참여자들도 의견이 있는 경우에 이야기를 덧붙였으며, 이에 관한 내용은 녹음 후 기록(transcribing)되었고 동시에 현장 노트(field note)에도 함께 기록되어 이후 분석과정에 활용하였음.

1. 참여자가 촬영한 사진과 사진에 대한 참여자의 서술을 워드(.doc)에 기록
   (transcribing) 한다.

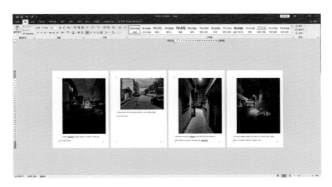

각 참여자가 촬영한 사진과 그에 대한 서술은 다음과 같다.

"우리 동네 골목이에요. 평소에는 이것보다 어두
워서 혼자 다니기 엄청 무서워요."

"차 뒤편 보세요. 저기서 맨날 고양이 튀어나오기
도 하고, 담배 피는 형들도 만나고, 좀 무서워요."

"이런 가로등이 좀 많았으면 좋겠어요. 복지관 왔
다가 집 갈 때 무서워서 늘 엄마가 데리러 오는데.
엄마 안 계실 때는 혼자 노래 부르면서."

"여기 밤 되면 무서워요. 머리 없는 귀신 같아요.
집도 오래 되고, 어둡고, 엄마가 밤에는 다니지 말
래요. 큰일 난다고. 갑갑하기도 해요."

2. 이후 NVivo를 실행한 후 상단 Import 〉 File을 누른 후 워드 파일을 NVivo로 가
   져온다.

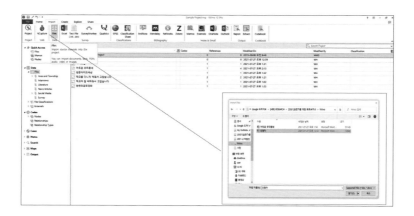

3. 가져오고자 하는 워드파일을 클릭하면 다음과 같이 NVivo 우측 세부 창에 나타
   난다.

4. 참여자가 사진에 관해 서술한 내용 중 일부를 선택하여 코드를 부여할 경우, 글을 드래그 한 후 오른쪽을 클릭한 후 Code를 클릭한다.

5. 코드를 새로 생성하여 부여할 경우 New Code를 클릭한 후 새로운 코드를 만들고 OK를 클릭한다.

6. 나머지 사진에 대해서도 각각 동일한 방법으로 코드를 부여한다.

7. 왼쪽 Codes-Nodes를 더블 클릭하면 코드 목록을 확인할 수 있다.

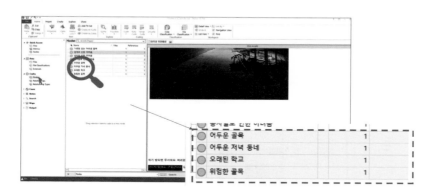

8. '위험한 골목'을 더블 클릭하면 상세 내용을 오른쪽 창에서 확인할 수 있다.

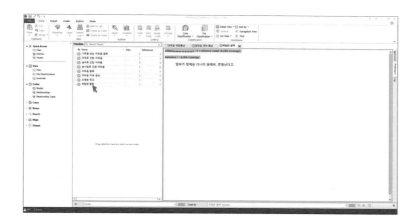

9. 오른쪽 Text 탭을 확인하면, 워드파일(.doc)에서 코딩된 내용을 확인할 수 있다.

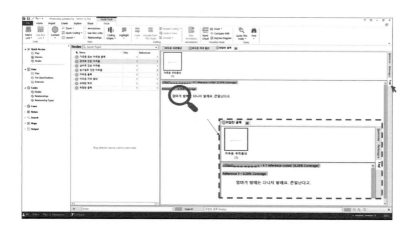

(2) 사진 한 장에서 주제 도출

포토보이스에서 참여자 수에 대한 기준은 정해진 바 없다. 또한 포토보이스에서 수집한 자료(사진, 담화)를 얼만큼의 비중으로, 어떻게 분석해야 하는지도 정해진 바가 없다. 이 모든 선택과 결정의 기준에는 연구자 혹은 연구 질문이 있을 뿐이다. 자돈(Jarldorn, 2018)의 주장처럼 포토보이스는 강한 유연성을 가진다. 포토보이스 연구는 단독(참여자 1명)으로 진행할 수 있다. 제2장에서 언급한 린다의 경우와 같이 독특한 개인의 경험에 대한 이해가 필요할 경우, 1명의 참여자로도 포토보이스 연구는 충분히 가능하다. 이때 사진 자료는 최소 두 가지 이상의 상황에서 수집·분석될 수 있다. 하나는 참여자가 소수(최소 한 장만)의 사진을 촬영하는 경우이며, 다른 하나는 참여자가 여러 장의 사진을 촬영하는 경우로 이때 연구자는 여러 장의 사진을 동시에 분석할 수 있다.

나이가 어리거나 사진을 서술하는 데 신체 혹은 인지적 한계를 가지는 대상자(예: 장애인, 경도 치매 노인)가 포토보이스에 참여한 경우, 담화보다는 사진을, 그리고 많은 사진보다는 소수의 사진을 활용하는 것이 오히려 더 유용하다. 왜냐하면 이들은 사진에 대한 구체적 서술을 제공하는 데 어려움을 가지므로 찍은 사진 자체가 제공하는 지식과 실재가 서술보다 더 큰 효과를 가질 수 있다. 이 경우 연구자는 참여자가 찍은 단 한 장의 사진만을 분석하거나 참여자가 찍은 여러 장의 사진 중 하나[1]만을 선택해야 한다. 연구자

---

1) 여러 장의 사진에서 특정 사진을 고르는 경우는 다양하다. 사진 매수의 선정 기준에 대해 구체적으로 정해진 바는 없다. 연구자는 시공간의 제약, 예를 들어 사진에 대한 담화를 진행하기 위한 FGI에 주어진 시간에 따라서 참여자당 선정하는 사진 매수를 정할 수 있다. 한편, 여러 장의 사진을 촬영했음에도 불구하고 주제와 관련한 논의를 진행하기 어려운 사진,

사례 2

연구 주제: B 지역에 거주하는 한부모 가정의 아동이 인식하는 우리 동네의 좋은점

기간: 2021년 6월 1일~2021년 6월 30일(총 4주)

시간: 오후 4시~오후 6시

회기: 4회기(1주당 1회기)

장소: B 종합사회복지관 내 아동 방과 후 프로그램실

참여자: B 지역에 거주하는 한부모 가정의 아동: ○○○ (참여자 1명, 단독)

진행: 사회복지학 교수 1인

상황:

1) 참여자가 촬영한 사진에 대해 논의하고자 했으나 저학년(초등학교 2학년)인 참여자가 사진과 관련해 충분한 서술을 제공하지 못하는 상황. 단순히 사진을 찍은 장소만을 언급하거나 사진에 나온 대상을 묘사하는 수준에 그침.

2) 참여자가 1주일간 '우리 동네'와 관련해서 촬영한 사진은 총 열 장이지만 한 장을 제외한 모든 사진이 친구들의 얼굴, 잘못 찍힌 사진 등이라 연구를 위한 논의에 포함시키지 못함.

가 자료 선택을 신중히 해야 하는 이유가 바로 여기에 있다. 구체적으로 NVivo를 활용해 한 장의 사진을 선택 · 분석하고, 사진으로부터 지식을 도출하는 과정의 예는 다음과 같다.

연구자는 1명의 참여자와 함께 지역사회의 좋은 점에 대해 파악하기 위해 포토보이스를 진행하였다. 참여자가 여러 장의 사진을 촬영해 오면 일부를 선택하여 연구자는 참여자와 사진에 대한 심도 있는 논의를 진행할 수 있다. 그러나 제시한 '상황'처럼 참여자

예를 들어 주제에 맞지 않는 사진이나 잘못 찍힌 사진 등이 있는 경우에는 이를 제외하고 남은 사진을 가지고 논의를 진행할 수 있다.

가 논의를 위한 여러 장의 사진을 촬영해 오지 못한 경우 또는 참여자가 사진에 대해 충분히 논의할 수 없는 경우, 연구자는 참여자의 서술보다는 참여자가 촬영한 사진에 큰 비중을 두는 것이 좋다.

〈참여자가 촬영한 사진과 사진에 대한 담화〉

담화 비중이 크지 않은 상황에서 NVivo를 활용한 사진에 대한 분석은 다음과 같다.

1. 먼저 사진을 NVivo에 불러오기 위해서 NVivo 상단의 Import 〉 Files을 클릭한 후 NVivo로 가져오고자 하는 이미지를 더블 클릭한다.

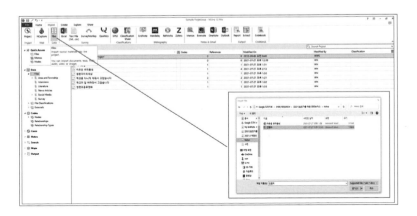

진행자: 무슨 사진이지?

참여자: 저희 학교예요. 오래됐어요. 엄청. 옛날에 학교. 막 학교 화장실도 옛날이에요.

진행자: 우리 동네 좋은 점이라는 주제에 왜 학교를 찍고 싶었어?

참여자: 학교 운동장이요. 엄청 넓죠. 여기서 친구들하고 놀고 축구하고 하다 보면 엄마
          올 시간이에요. 그래서 저는 학교 운동장이 제일 좋아요.

　　참여자는 '우리 동네'라는 주제로 자신이 다니고 있는 초등학교 모습을 찍었다. 참여자
는 우리 동네에 초등학교는 오래되었고, 운동장에서 친구와 보내는 시간을 좋아한다고
하였다.

　　사진을 촬영한 참여자는 촬영한 사진의 가운데에 보이는 학교 건물을 가리키며 오래
된 건물이라서 좋다고 하였다. 또 넓은 운동장을 가리키며 여기서 친구들과 뛰어노는 시
간이 제일 좋다고 언급했다.

2. 가져오고자 하는 이미지 파일을 클릭하면 다음과 같이 NVivo 우측 세부 창에 이미
지가 나타난다.

3. 사진을 가져온 후 사진 위쪽에 Click to Edit을 누른다

4. 사진에 커서를 위치시키고 클릭한 후 드래그하면 점선으로 영역 표시가 가능해진다.

5. 드래그한 후 사진에 커서를 두고 오른쪽 클릭을 하면 Insert Row가 나타난다.

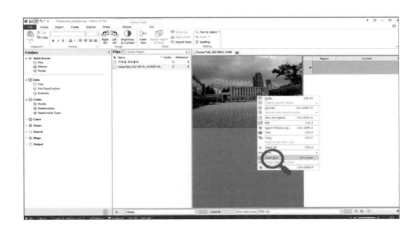

연구자는 사진과 관련한 내용을 문자로 써넣고자 insert row를 누른 후 칸을 추가하였다.

6. Insert Row를 클릭하면 우측에 Region, Content를 기입할 수 있는 표가 나타 난다.

- 지역(region): 자동으로 geographical information systems(GIS) data가 나타남
- 내용(content): 참여자가 서술한 사진에 대한 설명이나 묘사 기입

사진 옆 내용(content)에 해당하는 칸에는 연구자가 사진에 관한 내용을 자유롭게 넣을 수 있다. 사진을 촬영한 참여자가 사진에 관해 서술한 내용이나 연구자가 참여자와의 대화를 통해 얻은 성찰(reflection) 등을 기록해 둘 수 있다. 또한 참여자가 사진의 특정 부분을 강조하는 경우에는 특정 부분에 대한 추가 설명을 내용(content)에 기재할 수도 있다.

7. 번호를 클릭하면 선택한 영역에 음영이 표시된다.

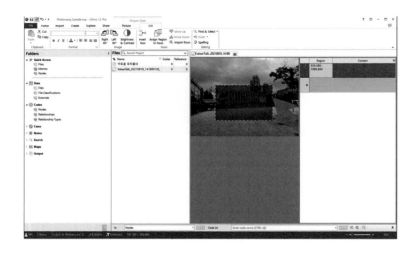

8. 연구자는 내용(content) 칸을 클릭한 후 사진과 관련한 내용을 기술할 수 있다.

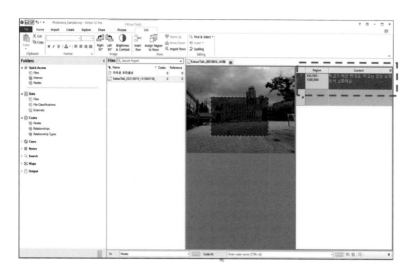

사진을 촬영한 참여자는 이 사진의 건물을 가리키며 "학교가 백 년이 되었다고 했어요. 엄청 오래돼서 (학교는 우리 동네) 자랑이에요. 학교 잘 지켜야 한다고 했어요. 소중해요." 라는 진술을 하였고 연구자는 진술 내용 전체 또는 일부를 내용(content)에 기록하였다.

9. 사진과 내용(content)에 대해 코드를 부여할 경우 작성된 진술 중에 원하는 부분을 드래그 한 후 우클릭하고 Code를 클릭한다.

10. 이후 Select Code Items라는 팝업이 뜬다.

- 새 코드를 만들고자 할 경우: New Node를 클릭하여 새 코드 생성
- 기존에 코드를 사용할 경우: Nodes 아래 나열된 코드를 더블 클릭

11. 사진 자체에 대해 코드를 부여할 원하는 부분을 드래그한 후 우클릭하고 Code를 클릭한다.

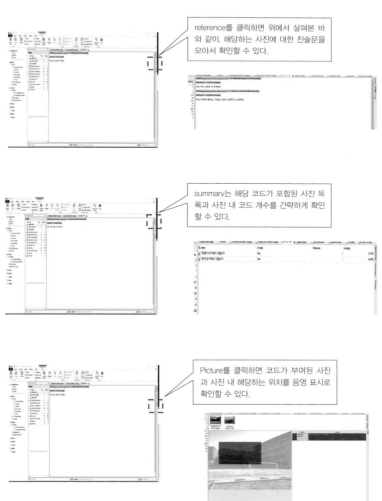

reference를 클릭하면 위에서 살펴본 바와 같이, 해당하는 사진에 대한 진술문을 모아서 확인할 수 있다.

summary는 해당 코드가 포함된 사진 목록과 사진 내 코드 개수를 간략하게 확인할 수 있다.

Picture를 클릭하면 코드가 부여된 사진과 사진 내 해당하는 위치를 음영 표시로 확인할 수 있다.

　생성된 코드를 더블 클릭하면 화면 가장 우측에 summary, reference, picture 탭이 나타난다. 각 탭을 클릭하여 코드에 해당하는 진술문, 사진 등을 모아서 볼 수 있다.

(3) 여러 장의 사진에서 주제 도출

연구자는 여러 장의 사진에서 공통되는 주제를 도출해 낼 수도 있다. 연구자가 여러 장의 사진을 획득하는 경우는, ① 다수의 참여자가 각각 하나의 사진을 가져오는 경우, ② 다수의 참여자가 여러 장의 사진을 가져오는 경우, ③ 단독 참여자가 여러 장의 사진을 가져오는 경우가 있다. 포토보이스에 참여한 참여자가 여러 장의 사진을 촬영하였으나 사진에 대한 담화를 충분히 제공하지 못하는 경우가 발생할 수 있다. 예를 들어, 이주여성이 직면하는 한국 사회의 적응과 어려움에 관한 연구를 하는 경우, 연구에 참여한 이주여성이 제한된 한국어 능력을 가지고 있을 수 있다. 또한 참여자가 다양한 국가에서 이주했을 경우, 한 가지 언어의 통역만으로 모든 참여자 간 대화가 충분히 이루어지지 않을 수도 있다. 이 상황에서 참여자는 사진에 대해 충분히 말할 수 있는 능력이 될지라도 담화를 통해 자기가 가진 정보와 지식을 집단 내에서 충분히 공유하지 못할 가능성이 있다. 이 경우 연구자는 참여자의 담화보다는 참여자가 촬영한 사진을 활용하는 것이 더 좋다. 다음 사례는 연구자가 사진에 대한 분석을 시작하고 이를 통해 지식을 도출하는 과정이다.

사례 3

연구 주제: A 지역에 거주하는 결혼 이주여성의 한국 사회 적응과 어려움

기간: 2021년 6월 1일~2021년 6월 30일(총 4주)

시간: 오후 4시~오후 6시

회기: 4회기(1주당 1회기)

장소: A 종합사회복지관 내 프로그램실

참여자: A 지역에 거주하는 결혼 이주여성 5명

진행: 사회복지학 교수 1인, 사회복지학 석사과정 학생 2인(연구 보조)

상황:

• 참여자를 대상으로 '한국 사회 적응에서의 어려움'을 보여 줄 수 있는 사진을 자유롭게 촬영해 올 것을 안내함.

• 결혼 이주여성의 경우 한국에 거주한 기간이 1년 미만으로 한국어 사용 수준이 낮음. 주어와 목적어 없이 간단한 술어 정도만 표현할 수 있는 상황임. 이들이 서술하는 내용보다는 촬영한 사진이 오히려 이 연구에서 중요한 역할을 함.

• 참여자는 최소 한 장부터 최대 다섯 장까지 사진을 촬영해 옴. 시간적 제약으로 인해 연구자는 참여자에게 가장 이야기하고 싶은 사진 한 장만을 선택해서 보여 줄 것을 요청함. 이 과정에서 연구보조원 2명이 참여자의 사진 선정과정을 지원함.

• 사진에 대한 참여자의 서술이 제한되었기에 참여자가 촬영한 사진과 서술을 바탕으로 연구자가 구체적인 상황을 가정/추측한 후 참여자를 통해 재확인하는 과정을 거침.

1. 참여자가 촬영한 사진을 그림 파일(.png)로 저장한다.

2. NVivo를 열고 상단의 Files를 클릭한 후 저장한 그림 파일(.png)를 불러온다.

이때 가져온 파일은 navigation view의 data > file에서 확인할 수 있다.

3. 사진 파일을 NVivo에서 열고 위쪽에 나타나 있는 Click to Edit을 클릭한다

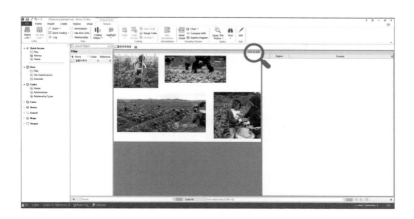

4. 사진에서 원하는 부분을 클릭한 후 드래그 하면 점선과 같이 영역이 설정된다. 이후
  오른쪽 커서를 클릭한 후 Insert Row를 클릭한다.

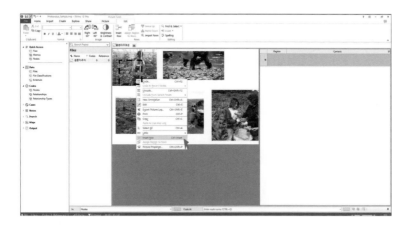

5. 우측에 Region, Content가 표시된 표가 생성된다.

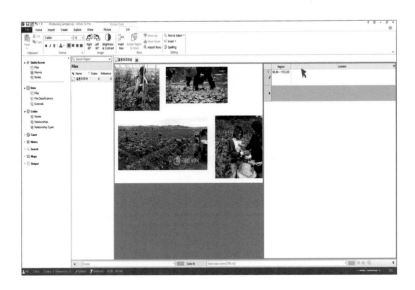

- 지역(region): 자동으로 geographical information systems(GIS) data가 나타남
- 내용(content): 참여자가 서술한 사진에 대한 설명이나 묘사 기입

6. 사진과 관련해서 참여자가 서술한 담화를 Content 아래에 기입한다.

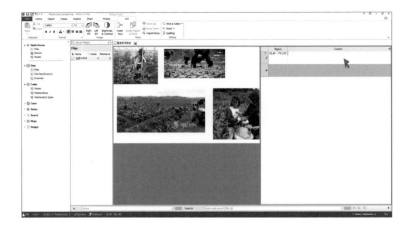

7. 나머지 사진에 대해서도 4~6의 과정을 통해 참여자가 진술한 사진에 대한 내용
   (content)을 연구자가 기입한다.

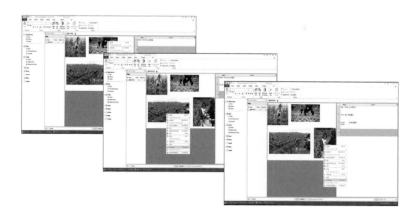

8. 기입된 내용(content)에 대한 코드를 부여하고자 하는 경우, 해당 내용을 드래
   그 한 후 오른쪽 커서를 클릭한 후 Code를 클릭한다.

예를 들어, 참여자는 "일하기 싫어.""땀 나.""할머니 미워.""혼자 일해.""날씨 더워."
"일 많아.""엄마 싫어." 등과 같은 이야기를 간단하게 하였고, 연구자는 사진에서 이와
연결되는 부분을 가리키며 참여자에게 확인하였다. 참여자가 동의한 경우 사진의 일부를
선택하여 코드를 부여하였다.

9. 코드를 클릭하면 Select Code Items라는 창이 뜬다.

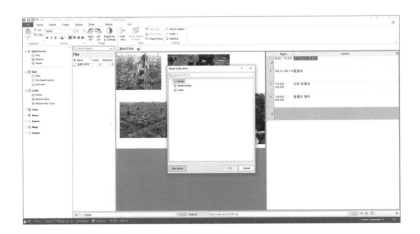

10. 원하는 코드를 생성하여 코딩할 경우 아래쪽에 New Nodes를 클릭한 후 새 코드
를 생성한다.

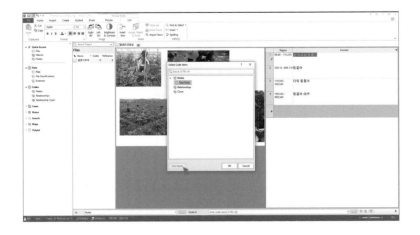

11. 새 코드에 연구자가 원하는 이름을 부여한 후 OK 버튼을 누른다.

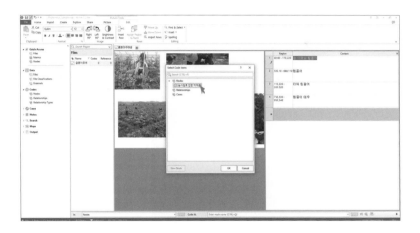

12. 나머지 사진에 대해서도 9~11의 과정을 통해 코드를 부여한다.

13. 사진에 대해 코드를 모두 부여한 후 왼쪽 Codes-Nodes를 더블 클릭한다.

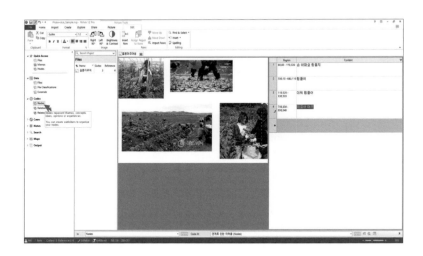

14. 점선으로 표시된 부분과 같이 생성된 코드 목록을 확인할 수 있다.

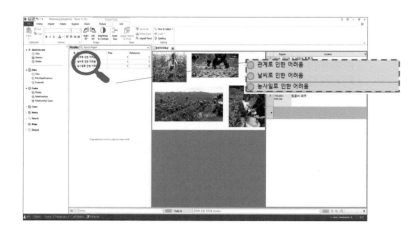

5명의 참여자가 촬영한 사진 중 총 여덟 장을 선택해서 연구과정에 포함시킨 후, 사진에 대한 참여자의 서술과 연구자의 분석을 바탕으로 총 3개의 코드를 도출하였다.

15. 해당 코드를 더블 클릭하면 코드에 대한 내용을 확인할 수 있다. 오른쪽의 Reference 탭(화살표)을 클릭하면 코드가 부여된 내용(content) 일부를 확인할 수 있다.

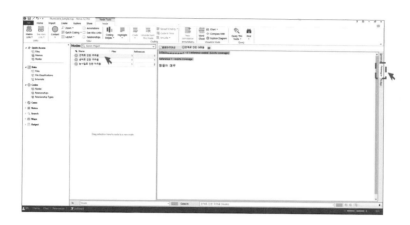

16. 오른쪽 Picture 탭을 클릭하면 코드가 부여된 사진을 확인할 수 있다. 화살표가 표시된 곳(번호)을 클릭하면, 사진에서 선택된 부분을 음영으로 확인할 수 있다.

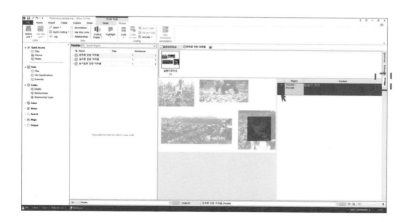

제 **10**장

포토보이스를 위한
담론

1. 지식형성과 사회변화를 위한 포토보이스

1) 포토보이스와 지식형성

이 책에서 우리가 도출한 결과는 '포토보이스(photovoice)는 어떻게 지식을 만드는가?' 혹은 '포토보이스가 내재한 지식형성구조는 무엇인가?'라는 질문에 대한 대답이다. 기존의 다양한 포토보이스 연구는 이 질문에 명확한 답을 주지 않았다. 기존 연구에서 포토보이스 활용의 주목적은 연구참여자가 가진 '경험'에 대한 직간접적 탐색이었다(허원빈, 정하은, 2019). 이들 연구에서 연구자는 참여자 경험을 질적 자료 형태로 전환하여 참여자가 가진 지식을 습득·이해·분석했다. 이들의 노력과는 별개로 포토보이스를 통해 형성하는 참여자 지식, 연구자와의 지식교류 관계, 사진이라는 기호가 가지는 특성 그리고 사회변화를 촉진하고 바라는 포토보이스의 지향을 확히 해석하고 분석한 연구는 아직 알려지지 않았다.

이 책에서 우리는 기존 연구가 수행하지 못한 포토보이스 지식형성과정을 분석하여 포토보이스가 가지는 기본 원리와 특징을 살펴보았다. 우리는 포토보이스의 지식형성 과정을 크게 **구현, 이해, 공론**이라는 세 단계로 구분했다.

구현단계에서 참여자는 코드가 없는 메시지, 즉 대상을 보이는 그대로 포착하여 명시적 자료인 사진으로 연결하고 변환시킨다. 동시에 참여자는 사진을 통해 드러내고자 했던 미충족된 욕구와 욕망을 이미지(코드가 있는 메시지)를 통해 함축적으로 드러낸다.

이때 사진은 참여자의 암묵지인 욕구와 욕망을 명시지로 전환하고 표출한다. 구현단계에서 참여자는 자신만이 알고, 느끼고, 경험한 관점을 사진이라는 매개체를 통해 외부로 드러낸다.

이해단계에서 참여자는 자신이 직접 찍어 온 사진에 관해 서술한다. 포토보이스에서 참여자는 단순히 사진을 찍는 존재가 아니다. 자신이 찍은 사진에 대해 직접 서술함으로써 새로운 형태의 명시지를 만든다. 이 과정에서 연구자는 참여자 서술에 대한 이해와 공감을 시도한다. 참여자가 창출한 명시지는 연구자에게 암묵지로 자리 잡는다. 연구자는 참여자의 지식과 목소리를 듣고, 관찰하고, 이해하고, 공감하는 역할을 하며, 참여자에 대한 연구자의 적극적 공감과 옹호가 발생한다. 이해단계에서 연구자와 참여자가 공동지식을 형성함으로써 포토보이스는 기존의 다른 방법론이 담지 못한 양자성을 획득한다.

공론단계는 참여자만의 시선과 생각을 목소리로 전환하는 단계이다. 사회에서 배제되고 소외되었던 참여자가 공론단계에서 사회 안으로 다시 진입하며, 지역사회의 다양한 주변인이 참여자로 변환한다. 토론회, 발표회, 세미나 등을 통해 참여자는 자기 목소리(욕구, 실재, 아이디어)를 지역사회에 직접 전달한다. 지역사회는 목소리에 공감하면서 참여자의 문제에 관한 여론을 형성한다. 여론을 바탕으로 지역사회는 참여자에 대한 혹은 지역사회가 가진 문제에 대한 새로운 암묵지를 형성한다. 포토보이스 내 공론단계가 가지는 가장 큰 독특성은 참여자 지식의 전파와 확장을 연구자 혹은 연구로만 한정하지 않고 지역사회로 넓히는 데 있다.

포토보이스에서 발표단계를 연구에 포함한 이유는 방법론 차원에서 다른 질적 연구방법과 차별을 두기 위함이 아니다. 행위자 연결망 이론의 개념을 빌리면, 발표는 연구참여자(핵심 행위자)가 지역사회(주변 행위자)를 자신의 네트워크로 초대한다. 발표회 안에서 참여자는 자신이 경험한 삶의 경험, 욕구, 실재를 하나의 '목소리(voice)'로 전환하여 지역사회에 알린다. 발표회가 가지는 전환기능을 고려할 때, 발표단계를 단순히 포토보이스의 결과 보고를 위한 요식행위로 봐서는 곤란하다. 오히려 경험, 사진, 글로 제약한 지식이 지역사회 내 거대한 목소리와 담론으로 변화하는 장(場)이자 통로로 고려해야 한다. 포토보이스 연구에서 발표가 가지는 중요성에도 불구하고 많은 연구자는 기존 질적 연구방법에서 사용하지 않았다는 이유로 혹은 발표단계 운영에 어려움이 있다는 이유로 이 단계를 생략했다. 발표 생략은 방법론에 간결성을 더해 주기보다는 연구자가 포토보이스의 원리와 방향성을 명확히 인지하지 않음을 보여 준다.

연구방법론 관점에서 원리는 항상 방법(사용 도구, 기법)에 앞선다. 양적 연구에서도 통계 패키지 사용에 앞서 통계학 원리와 과정을 필히 이해해야 한다. 예를 들어, 회귀분석 이전에 회귀식[1]에 대한 연구자 이해를 전제한다. 질적 연구도 마찬가지이다. 질적 연구방법이나 분석 패키지(예: NVivo) 등을 활용하기에 앞서 연구방법이 가진 운영원리, 방향성, 연구철학에 대해 먼저 고민하고 이해해야 한다. 연구자가 존재론(ontology)과 인식론(epistemology) 중에서 어떤 관점에 더 큰 초점을 두느냐에 따라 연구 내 언어가 지식으

---

1) 그 예로 단순선형회귀 모형($y = \beta_0 + \beta_1 x + \varepsilon$)을 들 수 있다.

로 전환하는 과정이 다르게 나타날 수 있다. 두 관점 대신에 수사학, 가치론(axiology), 구성주의, 실용주의와 같은 이론과 사상을 적용해도 유사한 결과를 가진다.

강조하지만, 연구자가 질적 방법론을 활용하기에 앞서 방법론에 대한 명확한 이해가 필요하며, 더불어 방법론을 바라보는 관점을 스스로 규정해야 한다. 이 고민 없이 포토보이스를 활용 관점에서만 다룬다면 포토보이스는 사진을 활용하는 방법에만 그칠 뿐이다. 포토보이스를 수행한 기존 연구가 가진 한계도 포토보이스를 총체적으로 인식하지 않고 연구방법론으로만 한정하고 활용한 데 있다. 다시 말해, 연구목적을 달성하기 위해 포토보이스를 어떻게(how) 수행할지에만 초점을 두었을 뿐, 왜(why) 포토보이스인지 또는 포토보이스의 어떤 영역이 독특하고 다른지에 대한 논의는 거의 이루어지지 않았다. 연구자가 포토보이스만이 가진 독특성, 역사성, 내재한 원리, 방향성, 지식구조에 대한 총체적인 인식을 가지지 않는다면 포토보이스의 참된 활용은 요원할 뿐이다. 현상을 파악하는 데 왜 이 방법을 써야 하는지에 대한 논의와 담론이 충분하지 않다면 방법론은 연구목적 실현을 위한 효과적 도구가 아닌 연구를 위한 연구 혹은 지식을 잘난 체하기 위한 도구로 전락(轉落)할 뿐이다.

이 책에서 우리는 포토보이스를 연구방법론 차원을 넘어 철학의 차원에서 이해하고자 하였다. 이 관점에서 포토보이스는 다른 질적 연구방법과 다른 특성을 보여 주었다. 방법론 차원에서만 포토보이스를 바라보면 사진을 활용한다는 점 이외에는 타 방법론과 큰 차이를 보이지 않는다. 하지만 철학 차원에서 포토보이스를 바라보면 포토보이스에서 활용되는 사진은 단순히 참여자의 생각을 전달하는 매개체가 아니다. 포토보이스에서 사진이란 사진을 찍은 참여자와 보는 이의 감정이 교차하는 역학장이다. 이 이유로 포토보이스는 참여자의 생각, 감정, 심상, 삶의 모습을 기존의 다른 연구방법보다 더 명확하고 강렬한 방식으로 우리에게 전달한다.

2) 포토보이스 내 동질성과 이질성

지식형성구조에 대한 이해 이후, 우리는 '포토보이스를 통해 형성한 지식은 동질성 혹은 이질성을 가질까?'라는 질문이 들었다. 책의 상당 부분은 이 질문에 대한 대답이다. 우리는 지식이 동질성을 가진다면 동질성을 구성하는 원리와 구조는 무엇이며, 역으로 이질성을 가진다면 이질적 지식을 형성하는 원인은 어디서 초래하였는지 분석하려 시도했다. 먼저, 연구 주체인 연구자의 역할과 지식형성에 대한 관점을 살펴보았다. 연구자는 포토보이스 내 발생하는 지식을 형성, 규합, 분배, 편집하는 주체이다. 우리는 연구자가 가지는 역할, 특히 지식 편집의 기능과 가능성에 대해서 논의했다. 포토보이스가 타 연구방법보다 대상자의 주체성과 연구자와 대상자 간 상호작용을 아무리 강조한다고 할지라도 연구를 이끌어 나가고, 발생한 다양한 지식을 규합하고 편집하는 역할은 오롯이 연구자에게 있다. 포토보이스를 통해서 대상자와 연구자가 형성하는 지식의 양은 이론상 무한에 가깝다. 이 무한에 가까운 지식을 일정한 방향과 틀로 편집하는 일은 연구자의 몫이다. 편집 기준과 틀은 연구자가 가진 암묵지(예: 연구 경험), 사전에 준비한 명시지(예: 연구 프로토콜) 그리고 연구과정에서 체득한 인식체계(예: 노하우)를 통해 영향을 받는다.

우리는 연구자가 가진 지식 편집 틀이 최소 두 가지 이상의 기능 혹은 가능성을 가진다고 가정했다. 하나는 지식의 동질성과 확장성을 강조하는 **땅 넓히기 관점**이며, 다른 하나는 동질성과 이질성을 함께 강조하는 **차이와 반복 관점**이다. 땅 넓히기 관점을 가진 연구자에게 가장 중요한 과제는 새로운 지식에 대한 확장성이다. 이 관점 아래에서 연구자는 사회에서 소외된 취약계층이 직면한 문제를 발견하고 분석하며, 문제 해결을 위한 옹호 지식의 형성에 노력을 집중한다. 따라서 연구자가 도출한 지식은 옹호를 공고히 하기 위해 큰 틀에서 강한 동질성을 띤다.

정리하면, 땅 넓히기 관점은 새로운 지식 발견과 확장에 초점을 두며, 발견한 지식은 대상자 옹호를 강화하기 위해 동질성을 갖춘 형태로 편집된다. 반면, 차이와 반복 관점은 지식 도출에서 동질성과 이질성의 가치 모두를 인정한다. 차이와 반복 관점에서 연구자는 우선 동질성을 빈곤한 반복과 풍요로운 반복으로 구분한다. 연구자는 차이를 만들어 내는 반복(풍요로운 반복)을 고정되고 정체된 지식이 아니라 새로운 가능성을 내포한 지식으로 인식하고 편집한다. 이 관점을 가진 연구자에게 차이와 이질성은 의미 있는 지식과 풍요로운 지식을 형성하는 지식형성구조의 전제일 뿐이다. 차이와 반복 관점 아래에서 연구자는 지식의 동질성에서 특별한 차이를 발견하려고 시도하거나 이질성 가득한 차이 속에서 반복하고 내재한 동질규칙 혹은 관념을 찾으려 노력한다. 포토보이스의 결과(형성지식)는 연구자가 연구를 통해 발생한 지식을 어떤 관점으로 바라봤는지에 따라 상당히 다르게 규합·해석·편집될 수 있다.

포토보이스는 지식형성을 위해 언어와 더불어 사진을 포함한다. 우리는 사진과 담화가 지식을 형성하는 기호라는 사실에 초점을 두었다. 기호는 외부세계를 대리하는 기표와 내부세계를 반영하는 기의 간 합성물로서 표상 세계를 반영한다(김경용, 1994). 기호는 인간이 내부세계(기의)와 외부세계(기표)를 넘어 표상세계로 편입하는 데 결정적 역할을 한다. 왜냐하면 인간의 정신 활동은 기호를 활용한 의미작용을 통해 이루어지기에 기호는 정신 활동의 시발점으로 작용한다(Eco, 1979). 따라서 포토보이스에서도 기호는 연구자와 참여자의 정신 활동을 실현하는 필수 도구이다. 기호는 기표와 기의 간 연결로 이루어지며, 이 연결은 자의성을 기반으로 한 사회약속을 통해 이루어진다(de Saussure, 2006). 기호 생성 구조에서 자의성은 기호를 무한히 생산할 수 있게 해 준다. 이 관점을 유지하면 포토보이스에서도 사진의 자의성이 활발히 일어나며, 자의성은 다양한 의미작용과 해석을 가능하게 한다. 기존 질적 연구는 주로 상징 기호인 언어를 주로 이용하였기에 기호로부터 다중의미가 많이 발생할 수 없었다. 반면, 도상 기호인 사진은 다중의미가 자주 발생한다. 사진으로부터 발생하는 자의성과 다중의미를 고려하지 않고 단순히 특이한 연구방법으로써 포토보이스를 한정하는 생각은 지양해야 한다. 자료 수집과 분석에서 나타나는 동질성과 이질성 그리고 두 가지 관점에서 연구자가 지향하는 선택과 공존 전략을 충분히 이해하고 활용할 때, 우리는 진짜 포토보이스를 만날 수 있다. 또한 포토보이스를 단순히 질적 자료를 도출하고 해석하는 도구로 한정해서도 안 된다. 우리 사회에 소외되고 고통받는 대상에 대한 문제를 깊이 이해하고 다양한 사람으로부터 옹호와 사회변화를 끌어내기 위해 포토보이스에 대한 더 깊은 고찰이 필요하다.

한편, 지식형성에 참여하는 화자와 청자 그리고 사진 찍는 이와 사진을 보는 관객의 상호작용과 역동을 우리는 기호학 관점으로 해석했다. 포토보이스 내 지식형성을 단일신호의 생성과 전달이 아닌 다중의미의 생성과 해석으로 간주할 때, 포토보이스가 가지는 특성과 장점을 명확히 이해할 수 있다고 생각한다. 이 책에서 기호학 틀을 이용하여 언어와 사진이 만들어 내는 기호 생성과 의미작용의 논리와 과정 전체를 분석하려는 시도는 하지 않았다. 다만, 언어와 사진 그리고 화자와 청자의 참여를 모두 활용하고 허용하는 포토보이스의 특징, 더 정확하게 표현하면 **포토보이스의 특수한 기호와 의미생성 구조**를 확인하려 했다. 언어는 특수한 기호체계를 가진 기호학의 하부체계일 뿐 기호 전체를 대표하지 못한다. 마찬가지로 동질성을 기반으로 한 단일지식을 형성하는 포토보이스가 많이 이용되지만, 이는 포토보이스 활용 전체를 대표하지는 못한다. 오히려 화자와 청자 간 발생하는 다양하고 이질적이며, 갈등과 모순을 초래하는 지식형성이 일반적일 때도 있다. 그리고 동질성보다는 이질성을 기반으로 포토보이스가 때로는 더 다양하고 풍부한 지식 그리고 더 빠르게 사회변화를 끌어낼 수도 있다.

다시 강조하지만, 언어와 사진, 특히 사진은 단일신호를 전제하는 커뮤니케이션이 아닌 다양한 의미생성을 기초로 하는 기호(도상)이다. 따라서 포토보이스 역시 커뮤니케이션이 아닌 기호의 관점, 다양성 관점, 의미생성 관점으로 접근하고 해석해야 한다. 이 관점과 시도를 통해 참여자(화·청자)가 아는 지식(known-known)

과 알 수도 있는 지식(known-uknown) 그리고 모르거나 몰랐다고 인지한 지식(unknow-unknown, unknwon-known)의 실체를 파악할 수 있는 길이 열린다. 말하는 모든 이가 자신이 아는 바를 명확하게 이해하지 않으며, 듣는 이가 자신이 들은 이야기 모두를 기억하지도 의미 있다고 생각하지도 않는다. 심지어 들은 이야기를 전혀 다르게 이해・해석・기억하기도 한다. 이 불일치를 단순히 잡음이나 오류로 취급할 수 있다. 하지만 불일치를 다양한 의미생성구조와 경로의 결과로 본다면 지금까지 포토보이스에서 주의 깊게 다루지 않았던 사진 해석에서 나타나는 의미 다양성이나 사진 역설에 대한 깊이 있는 사고와 지혜를 얻을 수 있다.

　이 책에서 우리가 포토보이스의 지식구조를 해체하려 했던 목적도 포토보이스 내 발생하는 지식이 동질성만을 가지지 않고 이질성과 다양성이 발생함을 논의하려는 데 있다. 포토보이스 지식의 이질성과 다양성의 원인, 과정에 관한 우리의 고찰과 재해석이 다른 포토보이스 연구자와 실천가에게 연구 해석의 자유도를 높이리라 생각한다. 포토보이스 연구를 진행하는 과정에서 돌발상황, 의외 사건, 참여자 간 상호관계, 사진 해석에 대한 이질성은 빈번하게 발생할 수 있다. 동질성 관점에서 보면 모순되고 이질성 높은 담화나 사진 해석에 대한 상반된 견해와 반대의견은 지식형성을 방해하는 장애물이다. 하지만 연구에서 발생하는 지식 이질성은 결과 도출을 방해하고 지체시키기도 하지만 풍요롭고 다채로운 연구 결과를 도출하는 동력이기도 하다. 우리가 포토보이스 지식의 동질성과 이질성을 논의한 이유는 연구 해석과 지식형성에 관한 자유도에 있다. 통계학에 따르면 표본수가 증가할수록 자유도는 증가하고 증가한 자유도는 모형 검정력을 높인다. 이 관점을 포토보이스에 적용하면 연구에서 발생하는 다채로운 사진 그리고 때로는 모순된 사진 해석과 담화는 연구자가 참여자의 상황을 더 풍요롭게 이해하는 역할을 한다. 달리 말해, 이질성 증가는 참여자 이해를 위한 기초 자료(표본)가 증가한 상황과 다르지 않다.

연구자는 주어진 지식형성 조건에서 지식을 형성하기 위해 한 가지 관점만을 고수할 필요가 없다. 다양한 관점과 이질성이 도출하는 상황에서 동질성만을 추구하기보다는 다양한 상황과 모순 관계, 의외성에 대한 이해와 논의를 진행할 필요가 있다. 그리고 이 노력을 통해 우리는 참여자를 더 깊이 이해하고 진정 우리가 원하는 사회변화를 촉발할 수 있으리라 믿는다.

포토보이스, 다르게 바라보기

나가는 글

해결하지 못한 숙제와 아쉬움

부족한 책 내용과 별개로 혹시 독자가 오해할 수도 있는 몇 가지 부분에 대해 말하면서 책을 마치고 싶다. 이 책에서 우리는 기존 연구에서 대답하지 못한 질문에 답하려 노력했고 작지만 의미 있는 성과를 거두었다. 하지만 우리가 도출한 결과와 함의에도 불구하고 직면한 한계도 명확했다. 또한 연구와 집필을 진행하면서 새로이 몇 가지 질문이 도출되었고 이 질문에 대한 대답을 완전히 해결하지 못했다. 하지만 우리가 해결하지 못한 답과 한계는 이 책이 원래 가진 목적을 벗어나는 내용이 대부분이다. 저자가 가진 역량의 한계로 인해 다루지 못한 내용도 있지만, 그 내용이 책의 초기 기획 의도와 다르거나 여기서 다루면 독자에게 혼동을 주는 부분도 있다고 생각했다. 따라서 여기서 다루지 못한 포토보이스의 다른 일면은 다른 책이나 다른 연구자에 의해 수행되리라 믿는다. 여기서는 우리가 다루기 힘들었던 부분을 소개함으로써 향후 포토보이스 연구가 가야 할 방향에 대한 우리 생각을 전한다. 우리는 이 방향성이 추후 포토보이스 연구가 실현해야 할 과제이자 포토보이스 발전을 위해 관련 학문체계가 노력해야 할 미래라 믿는다.

첫째, 이 책에서 포토보이스 방법론, 즉 포토보이스를 어떻게 사용하는지 그리고 어떤 방법이 연구자가 가진 질문에 대답할 수 있는지에 대해 엄밀히 논의하지 않았다. 책의 주 내용은 연구방법론을 인식하는 방향과 지식형성구조에 대한 논의이다. 따라서 이 책은 포토보이스라는 방법론 자체를 설명하거나 해석하려는 목적이 없다. 하지만 인식 방향에 대한 논의를 진행하기 위해서는 방법론의 특성과 절차를 설명해야 할 순간과 필요성이 있었다. 예를 들어, 제2장 '포토보이스의 구조와 포화: 대상자 구성에 따른 포토보이스'에서 우리는 세 가지 포토보이스 운영에 대해 논했다. 하지만 운영과정을 논하면서 우리는 각 포토보이스(예: 단독 참여자를 이용한 포토보이스)에서 진행해야 하는 절차나 자료 이용방법, 참여자와 관계설정, 자료 수집과 분석방법에 관한 대부분 내용을 생략했다. 또한 세 가지 운영방식에서 공통으로 활용하는 방법과 차이점에 대한 논의도 언급하지 않았다.

이 책은 자료 활용을 위한 방법과 전략도 크게 논의하지 않았다. 제9장에서 우리는 NVivo를 통해 사진 자료를 분석하고, 이를 포토보이스에 적용하는 방법에 관해 설명했다. 이 논의와 방법도 포토보이스에서 사진을 이용하는 전략과 방법 일부만을 기술했을 뿐이다. 포토보이스 자료 활용에 정말 중요한 논의는 담화와 사진 자료의 활용 비중이다. 모두가 알다시피 포토보이스의 주 연구자료는 사진과 담화이다. 하지만 대부분 연구는 사진과 담화를 어떻게 활용하고 혼합해야 하는지 그리고 각 자료의 사용 비율은 어떻게 이루어져야 하는지에 대해 논의하지 않는다. 달리 표현하면, 사진을 위주로 연구를 진행해야 하는지 혹은 담화를 위주로 분석을 시도해야 하는지에 대한 기준과 방향이 없다. 포토보이스에서 명확한 기준(예: 5:5 혹은 7:3)을 제시하기는 너무 힘들다. 어떤 연구자는 사진에서 주제(띔)을 찾거나 사진 이미지를 해석하고, 이를 통해 참여자 삶을 이해하고 옹호한다. 반면, 다른 연구자는 사진을 보조도구로 활용하고 참여자가 생성한 담화를 분석하는 데 연구 초점을 둔다. 어떤 접근이 포토보이스의 정형(stereotype)인지 그리고 담화가 우선인지 사진이 우선인지에 대한 논의는 사실 불필요한 논의라 생각한다. 연구자가 가진 목적, 자료특성, 연구 환경에 따라 자료를 활용하는 방향성과 전략이 정해진다고 우리는 생각한다. 이는 앞서 참여자 수(포화를 위해 필요한 참여자 수)를 정하는 방식과 유사한 논리이다. 담화가 중요하다고 해서 정말 중요한 사진과 그 사진에 대한 분석을 소홀히 한다면 그 연구가 정말 가치 있는 지식을 만들어 낼 수 있을까? 마찬가지로 사진 분석에 집중하다 참여자의 담화를 정확히 이해하고 포착하지 못한 포토보이스가 사회변화를 제대로 끌어낼까? 기준을 정하기보다는 각 방법이 가진 장단점, 특성, 주의점, 사용환경, 분석방법 등을 자세히 설명하는 일이 더 가치 있는 논의라 생각한다. 이 책에서 다루지 못한 부분도 바로 이 논의이며, 이 방법론에 관한 논의는 우리가 처음에 가진 질문을 넘어선다. 방법론에 대한 자세한 논의는 추후 다른 연구와 책을 통해 수행하도록 하겠다.

둘째, 이 책은 포토보이스를 통해 사회변화를 촉진할 수 있는 전략과 방법을 자세히 논하지 않았다. 여기에는 크게 두 가지 이유가 있다.

먼저, 사회변화를 위한 전략과 방법에 대한 논의는 책의 방향성과 맞지 않는다. 이 책의 목적은 사회변화를 위한 포토보이스 전략을 구상함이 아니라 포토보이스 내 지식이 어떠한 방식으로 형성하는지를 탐구하고 분석함에 있다.

따라서 책을 통해 논증하고 제시한 담론은 지식형성과정과 기호학 관점에서 포토보이스가 형성하는 지식체계이다. 포토보이스가 형성하는 지식체계를 분석하는 일[구조주의 관점(structuralism)]과 포토보이스를 통해 형성한 지식을 여론·공론화하고 정책을 마련하는 전략을 구상하는 일[실용주의 관점(pragmatism)]은 같은 맥락이지만 다른 내용이다. 따라서 두 가지 다른 내용을 한 책에서 다루기에는 분량의 한계와 더불어 관점 내 혼동이 발생하리라 생각한다. 전자는 기호와 사진이라는 구조(혹은 체계)를 통해 **포토보이스라는 방법을 이해하려는** 목적과 관점을 가진다. 즉, 포토보이스를 하나의 개념으로 본다면 이 개념을 직접, 바로 이해하기보다는 다른 이해의 틀(구조, 이 책에서는 사진과 기호)을 활용하거나 해석 틀이 가진 관점(lens)을 통해 해석하려는 방식이다. 후자는 **실행 효과나 신념의 확립과 적용**에 더 큰 관심을 둔다. 실용주의 관점은 어떤 관념이 참인지 혹은 거짓에 대해서 큰 관심을 두지 않는다. 관념 자체보다는 관념이 우리 생활에 얼마나 효과를 가지는지 혹은 실천적 차이를 보이는지를 더 중요시한다. 따라서 실용주의 연구는 절대적 진리 추구보다는 진리와 지식의 유용성과 효과성 증명과 분석에 더 큰 노력을 기울이며, 지식보다는 경험을 중시하는 태도를 보인다. 서로 다른 관점과 목적을 가지는 논의를 한 권의 책에 모두 담는 시도가 가능할 수 있지만, 이 전략이 우리가 세운 최초 목적과 초점을

흐릴 수 있다고 판단했다.

　하지만 우리는 실천과 실용 관점을 전혀 논하지 않거나 완벽히 배제하지는 않았다. 포토보이스가 사회에서 배제된 대상자를 옹호하고 그들을 위한 사회변화를 촉진할 수 있는 도구임을 우리도 명확히 알고 있다. 동시에 포토보이스 수행 목적도 옹호와 사회변화에 있음을 잘 알고 있다. 포토보이스 확증단계에서도 언급한 바와 같이 연구자는 '포토보이스 연구를 통해 참여자를 위한 정책이 마련되었거나 변화되었는지' '포토보이스 연구결과를 지속시키고 확산시킬 방법은 무엇인지'를 고민하고 답을 찾아야 한다(Latz, 2017). 이 논의는 참여자 복리 증진과 사회변화를 위한 지식을 형성하고 확산시키며, 지식을 통해 사회 내 인식변화와 사회변화를 촉진하는 전략을 수립해야 함을 의미한다. 이 목적에 기반하여 우리도 지식형성구조 내 공론화과정을 설명하면서 포토보이스가 사회에 미치는 과정과 영향을 짧게나마 언급하였다. 혹시나 사회변화 전략에 관심이 있는 독자는 이 짧은 논의가 충분하지 않겠지만 저자가 처한 상황과 관점 차이를 이해해 주기를 바란다. 포토보이스를 통한 사회변화에 대한 방법과 전략에 대한 상세한 논의는 추후 진행할 다른 연구에서 자세히 진행할 예정이다.

　이 책은 다양한 한계를 가진다. 질문에 답하고 논점에 근거를 제시하기 위해 책에서 다양한 이야기를 꺼냈다. 사진 철학, 기호학, 지식관리와 같은 어쩌면 포토보이스와 거리가 먼 듯 보이는 담론과 논의가 책 대부분을 차지했다. 그러다 보니 정작 포토보이스를 둘러싼 논리, 철학, 접근, 방법, 확산, 응용방법 등 포토보이스 자체에 대한 깊은 논의를 진행하지 못했다. 우리가 가진 역량의 한계가 책의 한계를 유발했다. 동시에 포토보이스 내 지식형성이라는 목적과 관념에 우리의 모든 역량을 쏟았기에 책이 가진 한계가 더욱 두드러졌으리라 생각한다. 한계에도 불구하고 '**포토보이스(photovoice)는 어떻게 지식을 만드는가?**'에 대한 질문에는 충분히 의미 있는 결과를 도출했다고 생각한다. 비록 장황한 수사로 포토보이스를 설명했지만 결론은 간결하다.

우리는 포토보이스가 담화를 위주로 한 기존 연구방법과는 다른 지식형성체계를 가짐을 주장한다. 기호로서 사진이 가진 특성이 연구자, 참여자, 지역사회, 각 주체 간 지식형성에 영향을 미친다고 가정한다. 눈(view, photo)에서부터 목소리(voice, policy)로 이어지는 포토보이스의 지식 통로에서 눈은 하나가 아닌 여럿일 수 있으며, 동시에 여러 눈은 하나의 관점으로 모일 수 있다. 이 책 전체를 관통하는 우리의 생각도 마찬가지이다. 인간은 같은 현상과 환경을 다르게 인식할 수도 있고, 다양한 사람이 하나의 관점과 생각으로 모일 수도 있다. 이질성과 동질성, 청자와 화자 간 차이, 푼크툼과 스투디움, 기호학의 다중의미는 **포토보이스가 가진 특별함과 차이를 드러내는 또 하나의 '기호'**이다. 타인과 나와의 고통스러운 다름이 큰 맥락 속에서는 같은 기의를 가진 다른 기호였을 뿐이며, 같다고 느끼는 현상이 사실은 풍요로운 차이를 만들어 내는 준비과정일 수도 있다. 이 자리를 빌려 우리는 포토보이스를 통해 사회가 동질성으로부터 이질성을 발견하고, 차이로부터 풍부한 공감을 획득하기를 기대한다.

●
포토보이스, 다르게 바라보기

참고문헌

김경오(2017). 치매환자 보호자들의 고통, 삶, 그리고 신체활동의 의미 탐색: 포토보이스 연구. 한국체육학회지, 56(6). 11-30.

김경용(1994). 기호학이란 무엇인가(pp. 18-39). 서울: 민음사.

김은정, 허원빈, 양기용, 오영삼, 김지수(2020). 지역사회 문제해결을 위한 콜렉티브 임팩트 접근에서 대학의 역할에 관한 시론적 연구. 한국사회복지행정학, 22(1), 1-22.

김정연, 허유성(2019). 포토보이스 연구 방법의 특수교육 활용 가능성 탐색을 위한 연구 동향 분석. 특수교육교과교육연구, 12(3), 85-107.

김종길(2013). 사회학적 지식연구의 이론적 계보와 전망. 사회사상과 문화, 28, 317-358.

김종길(2016). 위험사회의 전개와 지식 패러독스: 과학적 무지의 형성과 분화. 사회와 이론, 29, 123-167.

김진희, 유승현, 심소령(2011). 건강증진을 위한 걷기의 의미와 영향 요인: 도시 걷기 실천자들의 경험. 보건교육건강증진학회지, 28(4), 63-77.

오영삼, 정혜진, 강지영(2020). 온라인 메신저를 활용한 건강 리빙랩 구성과 활용: 미세먼지 피해 예방 교육 프로그램 운영을 중심으로. 보건사회연구, 40(2), 352-386.

장대익(2012). 호모 리플리쿠스(Homo replicus): 모방, 거울뉴런, 그리고 밈. 인지과학, 23(4), 517-551.

최재완(2016). 지적장애인이 참여한 포토보이스 연구의 동향과 향후 과제. 지적장애연구, 18(1), 161-183.

허원빈, 오영삼(2020). 포토보이스 지식형성 구조에 관한 이해: Nonaka의 지식 창조이론(knowledge creation theory) 관점에서. 사회과학연구, 28(2), 74-110.

허원빈, 정하은(2019). 포토보이스를 적용한 사회복지 관련 연구의 동향분석. 보건사회연구, 39(4), 320-355.

홍승애, 이재연(2014). 지역사회 환경에 대한 아동·청소년의 인식. 아동과 권리, 18(2), 303-330.

Ackoff, R. L. (1989). From data to wisdom. *Journal of applied systems analysis*, *16*(1), 3-9.

Barthes, R. (1998). 카메라 루시다. (조광희 역). 경기: 열화당. (원전은 1981년 출판).

Bellinger, G., Castro, D., & Mills, A. (2004). Data, Information, Knowledge, and Wisdom. Available at http://www.systems-thinking.org/dikw/dikw.htm [Retrieved on 9 August 2021].

Bernard, H. R. (2000). *Social Research Methods*. Thousand Oaks, CA: Sage.

Bernard, H. R., & Bernard, H. R. (2013). *Social research methods: Qualitative and quantitative approaches*. Thousand Oaks, CA: Sage.

Bishop, J., Robillard, L., & Moxley, D. (2013). Linda's story through photovoice: Achieving independent living with dignity and ingenuity in the face of environmental inequities. *Practice*, *25*(5), 297-315.

Bowen, G. A. (2008). Naturalistic inquiry and the saturation concept: A research note. *Qualitative Research*, *8*(1), 137-152.

Budig, K., Diez, J., Conde, P., Sastre, M., Hernán, M., & Franco, M. (2018). Photovoice and empowerment: evaluating the transformative potential of a participatory action research project. *BMC public health, 18*(1), 1-9.

Catalani, C., & Minkler, M. (2010). Photovoice: A review of the literature in health and public health. *Health Education & Behavior, 37*(3), 424-451.

Charmaz, K. (2006). *Constructing grounded theory: A practical guide through qualitative analysis.* Thousand Oaks, CA: Sage.

Corbin, J. M., & Strauss, A. (1990). Grounded theory research: Procedures, canons, and evaluative criteria. *Qualitative Sociology, 13*(1), 3-21.

Creswell, J. W. (2002). *Educational research: Planning, conducting, and evaluating quantitative.* Upper Saddle River, NJ: Prentice Hall.

Creswell, J. W., & Poth, C. N. (2016). *Qualitative inquiry and research design: Choosing among five approaches.* Sage publications.

Deleuze, G. (2004). 차이와 반복. (김상환 역). 서울: 민음사. (원전은 1968 년에 출간)

de Saussure, F. (2006). 일반언어학 강의. (최승언 역). 서울: 민음사.

Duffy, L. (2011). "Step-by-step we are stronger": Women's empowerment through photovoice. *Journal of Community Health Nursing, 28*(2), 105-116.

Eco, U. (1979). *The role of the reader: Explorations in the semiotics of texts* (Vol. 318). Indiana University Press.

Fiske, S. T. (1982). Schema-triggered affect: Applications to social perception. Affect and cognition: 17th Annual Carnegie Mellon symposium on cognition.

Fisher-Borne, M., & Brown, A. (2018). A case study using photovoice to explore racial and social identity among young Black men: Implications for social work research and practice. *Journal of Ethnic & Cultural Diversity in Social Work, 27*(2), 157–175.

Francis, J. J., Johnston, M., Robertson, C., Glidewell, L., Entwistle, V., Eccles, M. P., & Grimshaw, J. M. (2010). What is an adequate sample size? Operationalising data saturation for theory-based interview studies. *Psychology and Health, 25*(10), 1229–1245.

Glaser, B. G. (2001). *The grounded theory perspective: Conceptualization contrasted with description.* Mill Valley, CA: Sociology Press.

Grant, K. A. (2007). Tacit Knowledge Revisited-We Can Still Learn from Polanyi. *Electronic Journal of Knowledge Management, 5*(2), 173–180.

Green, J., & Thorogood, N. (2004). *Qualitative Methods for Health Research.* 2nd ed. Thousand Oaks, CA: Sage.

Green, J., & Thorogood, N. (2018). Qualitative methods for health research. Thousand Oaks: Sage.

Grimshaw, J. M., Eccles, M. P., Lavis, J. N., Hill, S. J., & Squires, J. E. (2012). Knowledge translation of research findings. *Implementation Science, 7*(1), 1–17.

Guest, G., Bunce, A., & Johnson, L. (2006). How many interviews are enough? An experiment with data saturation and variability. *Field Methods, 18*(1), 59–82.

Guiraud, P. (1975). *Semiology.* London: Routledge & K. Paul.

Harari, Y. (2015). 사피엔스: 유인원에서 사이보그까지, 인간 역사의 대담하고 위대한 질문. (조현욱 역). 경기: 김영사.

Hardwick, C. S., & Cook, J. (1979). Semiotic and significs: The correspondence between Charles S. Peirce and Victoria Lady Welby. *Transactions of the Charles S. Peirce Society, 15*(1).

Hennink, M., Hunter, I., & Bailey, A. (2011). *Qualitative research methods*. Los Angeles: Sage Publications.

Hergenrather, K. C., Rhodes, S. D., Cowan, C. A., Bardhoshi, G., & Pula, S. (2009). Photovoice as community-based participatory research: A qualitative review. *American Journal of Health Behavior, 33*(6), 686-698.

Hussey, W. (2006). Slivers of the journey: The use of Photovoice and storytelling to examine female to male transsexuals' experience of health care access. *Journal of Homosexuality, 51*(1), 129-158.

Jackson, K., & Bazeley, P. (2019). *Qualitative data analysis with NVivo*. Thousand Oaks: Sage.

Jarldorn, M. (2018). *Photovoice handbook for social workers: Method, practicalities and possibilities for social change*. Cham: Springer.

Johnson, R. B., & Christensen, L. (2019). *Educational research: Quantitative, qualitative, and mixed approaches*. Thousand Oaks, CA: Sage.

Jull, J., Giles, A., & Graham, I. D. (2017). Community-based participatory research and integrated knowledge translation: advancing the co-creation of knowledge. *Implementation Science, 12*(1), 1-9.

Kemmis, S., & McTaggart, R. (2005). Participatory action research: Communicative action and the public sphere. In N. K. Denzin & Y. S. Lincoln (Eds.), *The Sage handbook of qualitative research* (3rd ed., pp. 559-604). Thousand Oaks: Sage.

Kemmis, S., McTaggart, R., & Nixon, R. (2013). *The action research planner: Doing critical participatory action research*. Springer Science & Business Media.

Kerwin, A. (1993). None too solid: Medical ignorance. *Knowledge,*

15(2), 166–185.

Krueger, R. A. (2014). Focus groups: *A practical guide for applied research*. Los Angeles: Sage.

Langford, B. E., Schoenfeld, G., & Izzo, G. (2002). Research spotlight. *Qualitative Market Research: An International Journal, 5*(1), 58–70.

Latour, B. (1996). On actor–network theory: A few clarifications. *Soziale Welt*, 369–381.

Latz, A. O. (2017). *Photovoice research in education and beyond: A practical guide from theory to exhibition*. Oxon: Routledge.

Low, J. (2019). A pragmatic definition of the concept of theoretical saturation. *Sociological Focus, 52*(2), 131–139.

Luhmann, N. (1992). What is communication? *Communication Theory, 2*(3), 251–259.

McIntyre, A. (2007). *Participatory action research*. Thousand Oaks, CA: Sage Publications.

Mitchell, A. A. (1986). The effect of verbal and visual components of advertisements on brand attitudes and attitude toward the advertisement. *Journal of Consumer Research, 13*(1), 12–24.

Morse, J. M. (1994). Designing Funded Qualitative Research. In N. K. Denzin & Y. S. Lincoln (Eds.), *The Sage Handbook of Qualitative research* (3rd ed., pp. 220–235). Thousand Oaks: Sage.

Nisbett, R. (2004). *The geography of thought: How Asians and Westerners think differently... and why*. New York: Free Press.

Nonaka, I. (1994). A dynamic theory of organizational knowledge creation. *Organization Science, 5*(1), 14–37.

Nonaka, I., & Takeuchi, H. (1995). *The knowledge-creating company: How Japanese companies create the dynamics of innovation*. Oxford University Press.

Novak, D. R. (2010). Democratizing qualitative research: Photovoice and the study of human communication. *Communication Methods and Measures, 4*(4), 291-310.

O'reilly, M., & Parker, N. (2012). 'Unsatisfactory Saturation': A critical exploration of the notion of saturated sample sizes in qualitative research. *Qualitative Research, 13*(2), 190-197.

Onwuegbuzie, A. J., & Leech, N. L. (2007). Sampling designs in qualitative research: Making the sampling process more public. *Qualitative Report, 12*(2), 238-254.

Polanyi, M. (1958). Personal knowledge: Towards a post-critical Philosophy. London: Routledge.

Riessman, C. K. (2009). Considering Grounded Theory: Categories, Cases, and Control. *Symbolic Interaction, 32*(4), 390-393.

Roy, K., Zvonkovic, A., Goldberg, A., Sharp, E., & LaRossa, R. (2015). Sampling richness and qualitative integrity: Challenges for research with families. *Journal of Marriage and Family, 77*(1), 243-260.

Ruby, J. (1991). Speaking for, speaking about, speaking with, or speaking alongside-An anthropological and documentary dilemma. *Visual Anthropology Review, 7*(2), 50-67.

Schütz, A., & Luckmann, T. (1975). *Strukturen der lebenswelt [Structures of the daily world].* Darmstad: Neuwied.

Shaffer, R. (1983). *Beyond the dispensary.* AMREF (The African Medical and Research Foundation).

Shannon, C. E. (1948). A mathematical theory of communication. *The Bell System Technical Journal, 27*(3), 379-423.

Silverman, D. (1998). Qualitative research: Meanings or practices? *Information Systems Journal, 8*(1), 3-20.

Simons, D. J., & Chabris, C. F. (1999). Gorillas in our midst: Sustained inattentional blindness for dynamic events. *Perception*, *28*(9), 1059–1074.

Smithson, M. (1993). Ignorance and science: Dilemmas, perspectives, and prospects. *Knowledge*, *15*(2), 133–156.

Strauss, A., & Corbin, J. (1998). *Basics of qualitative research techniques* (pp. 1–312). Thousand oaks, CA: Sage publications.

Summey, T. E. (2018). Empowering hidden voices: A photo narration of community food needs by two cross-town middle schools in Kentucky.

Sutton-Brown, C. A. (2014). Photovoice: A methodological guide. *Photography and Culture*, *7*(2), 169–185.

Thomas, J. (1993). *Doing critical ethnography* (Vol. 26). Sage.

Wang, C., & Burris, M. A. (1994). Empowerment through photo novella: Portraits of participation. *Health Education Quarterly*, *21*(2), 171–186.

Wang, C., & Burris, M. A. (1997). Photovoice: Concept, methodology, and use for participatory needs assessment. *Health Education & Behavior*, *24*(3), 369–387.

Wang, C. C. (2006). Youth participation in photovoice as a strategy for community change. *Journal of community practice, 14*(1–2), 147–161.

Wang, C. C., & Redwood-Jones, Y. A. (2001). Photovoice ethics: Perspectives from Flint photovoice. *Health education & behavior*, *28*(5), 560–572.

Wang, C. C., Cash, J. L., & Powers, L. S. (2000). Who knows the streets as well as the homeless? Promoting personal and community action through photovoice. *Health Promotion Practice*, *1*(1), 81–89.

Wang, N. (1999). Rethinking authenticity in tourism experience. *Annals of Tourism Research, 26*(2), 349-370.

Wang, R. Y., & Strong, D. M. (1996). Beyond accuracy: What data quality means to data consumers. *Journal of Management Information Systems, 12*(4), 5-33.

Wegner, D. M. (1987). Transactive memory: A contemporary analysis of the group mind. *Theories of group behavior* (pp. 185-208). Springer.

Werremeyer, A. B., Aalgaard-Kelly, G., & Skoy, E. (2016). Using Photovoice to explore patients' experiences with mental health medication: A pilot study. *Mental Health Clinician, 6*(3), 142-153.

Whyte, W. F., Greenwood, D. J., & Lazes, P. (1991). Participatory action research: Through practice to science in social research. *Participatory Action Research, 32*(5), 19-55.

Williams, G. A., Miller, C. T., & Kelley, C. T. (2000). Transformation approaches for simulating flow in variably saturated porous media. *Water Resources Research, 36*(4), 923-934.

Williams, M. (2000). Interpretivism and Generalisation. *Sociology, 34*(2), 209-224.

Wolcott, H. F. (2008). *Writing up qualitative research.* Sage.

Xu, Z., & Chen, H. (2010). Research and practice on basic composition and cultivation pattern of college students' innovative ability. *International Education Studies, 3*(2), 51-55.

포토보이스, 다르게 바라보기

찾아보기

내용

저자 소개

오영삼(Young Sam Oh)

미국 Case Western Reserve University에서 사회복지학 박사학위를 받았으며, 현재 부경대학교 행정복지학부 부교수로 재직 중이다. 주요 연구 분야는 ICT 기반 건강관리, 노인복지, 돌봄 서비스이다. 최근 논문으로는 「The Relationships between Depression and Anxiety Disorder and Online Social Media for Healthcare」(공동, American Journal of Health Behavior, 2020), 「포토보이스 지식형성 구조에 관한 이해: Nonaka의 지식 창조이론(knowledge creation theory) 관점에서」(공동, 사회과학연구, 2020), 「Patient-Provider Communication and Online Health Information Seeking among a Sample of US Older Adults」(공동, Journal of Health Communication, 2021)가 있다.

허원빈(Wonbin Her)

미국 University of Illinois at Chicago에서 사회복지학 박사학위를 받았으며, 현재 부경대학교 행정복지학부 조교수로 재직 중이다. 주요 관심 분야는 아동, 청소년의 약물 및 행위 중독과 관련한 사회복지적 측면의 예방과 치료, 질적 연구방법론이다. 최근 논문으로는 「"The drug issue really isn't the main problem"–A photovoice study on community perceptions of place, health, and substance abuse」(공동, Health & Place, 2019), 「포토보이스를 적용한 사회복지 관련 연구의 동향분석」(공동, 보건사회연구, 2019), 「How is use of electronic cigarettes related to conventional cigarette use? A qualitative study among Korean American young adults」(단독, Social Work in Public Health, 2020), 「포토보이스 지식형성 구조에 관한 이해: Nonaka의 지식 창조이론(knowledge creation theory) 관점에서」(공동, 사회과학연구, 2020)가 있다.

포토보이스, 다르게 바라보기
-기호학을 통한 접근-
Doing Photovoice Differently: A Semiotic Approach

2022년 2월 10일 1판 1쇄 인쇄
2022년 2월 15일 1판 1쇄 발행

지은이 • 오영삼 · 허원빈
펴낸이 • 김진환
펴낸곳 • ㈜**학지사**

04031 서울특별시 마포구 양화로 15길 20 마인드월드빌딩
대표전화 • 02-330-5114   팩스 • 02-324-2345
등록번호 • 제313-2006-000265호

홈페이지 • http://www.hakjisa.co.kr
페이스북 • https://www.facebook.com/hakjisabook

ISBN 978-89-997-2597-5 93370

정가 15,000원

출판 · 교육 · 미디어기업 학지사
간호보건의학출판 **학지사메디컬** www.hakjisamd.co.kr
심리검사연구소 **인싸이트** www.inpsyt.co.kr
학술논문서비스 **뉴논문** www.newnonmun.com
교육연수원 **카운피아** www.counpia.com